CHRISTIAN HEHENBERGER

Märkte mit Zukunft

aus der Serie
„Die Zukunft fest im Griff"

Wir leben im Jahrzehnt der minus 30 %
und wie man es erfolgreich meistert!

Hehenberger, Christian:

Märkte mit Zukunft: Wir leben im Jahrzehnt der minus 30%
und wie man es erfolgreich meistert!
Aus der Serie „Die Zukunft fest im Griff“

Verlag: Institut für Marketing und Trendanalysen®,
Pregarten 1997

ISBN 3-901852-01-8

Umschlag, Grafik und Layout: Ernestine Hehenberger
Printed in Austria
Dieses Buch wurde in der neuen Rechtschreibung verfasst.

Widmung

Besonderen Dank möchte ich allen Experten aus den vielen unterschiedlichen Branchen aussprechen, mit denen ich im Zuge der Recherchen sehr wertvolle und weiterführende Gespräche hatte.

Zu Dank verpflichtet bin ich auch meinen Mitarbeitern und dem Lektorat, die in den letzten Monaten durch ihren außerordentlichen Einsatz die Fertigstellung dieses Buches ermöglicht haben.

Besondere Anerkennung und Dank gelten meiner Frau für die erstklassige Grafik- und Layoutarbeit.

Für das Verständnis meiner Familie, insbesondere in den arbeitsintensiven Monaten der Fertigstellung, danke ich sehr herzlich.

Inhaltsverzeichnis

Vorwort

Die späten 90er Jahre halten die Wirtschaft, Gesellschaft und Politik in Europa in Atem. Eine Besorgnis erregend hohe Arbeitslosigkeit, der fehlende Konjunkturaufschwung, weitere Sparpakete in Deutschland und in Österreich, unmittelbar damit verbunden das schlechter werdende Konsumklima in immer breiteren Bevölkerungsschichten, sind nur einige Fakten, die uns alle nachhaltig beschäftigen.

Hinzu kommt, dass sich die Wirtschaft vor bzw. inmitten ihres größten Strukturwandels seit 1945 befindet. Das Jahrzehnt der minus 30% ist die unabdingbare Folge aus dieser Entwicklung. So werden beispielsweise in Deutschland und Österreich bis zum Jahr 2005 rund ein Drittel aller Lebensmittelgeschäfte und Gastronomiebetriebe schließen. Auch der Dienstleistungsbereich wird in bedeutenden Branchen vom Jahrzehnt der minus 30% unmittelbar betroffen sein. Im gleichen Zeitraum werden etwa ein Drittel der Versicherungsangestellten ihren Job verlieren und 30% der Bankfilialen schließen.

Betrachtet man die öffentliche Diskussion über die enormen Probleme und Herausforderungen unserer Zeit, dann ist in Europa kaum eine richtungweisende Zukunftsstrategie erkennbar. In Deutschland und Österreich wird primär nahezu gebannt auf die Staatsfinanzen geblickt, auf die immer größer werdenden Budgetlöcher und die steigenden Arbeitslosenzahlen. Das

Schnüren von weiteren Sparpaketen oder das Erfinden bzw. das Erhöhen von Gebühren scheinen derzeit die einzigen Lösungsansätze zu sein, die die Entscheidungsträger der öffentlichen Hand ergreifen. Zukunftsorientierte Vorwärtsstrategien fehlen hingegen zur Gänze.

„Märkte mit Zukunft" aus der Serie „Die Zukunft fest im Griff" zeigt neue Wege und wertvolle Ideen auf, wie die enormen Herausforderungen bewältigt werden können.

Ein Beispiel dafür ist das Plusenergiehaus, das einen erfreulichen und sehr großen Wachstumsmarkt für die Bauwirtschaft schafft. Ein wesentlicher und sehr wertvoller Wachstumsmotor ist die Autoindustrie, die erstmals in der Geschichte durch neuartige und intelligente Motorenkonzepte die Abhängigkeit von Erdöl beenden wird. Pkws mit Hybridmotoren oder wasserstoffbetriebene Minivans sind nur zwei Beispiele für Märkte mit Zukunft.

Selbst die Landwirtschaft kann nach jahrzehntelanger Defensive endlich wieder in die Offensive gehen. Die Produktion von elektrischem Strom über Fotovoltaik oder Windenergie am Bauernhof ist dafür nur ein positives Beispiel.

Als inhaltliche Abrundung gibt es zehn Trend- und Marketingempfehlungen, die eine taugliche Referenzmarke für jedes Unternehmen sind. Ein praxisorientiertes Marktbewertungsmodell, womit die Chancen und Risken von zukünftigen Märkten erkannt werden können, ergänzt die Ausführungen.

„Märkte mit Zukunft" zeigt neue Wege und wertvolle Lösungsansätze für die Probleme unserer Zeit auf. Je rascher die wesentlichen Ressourcen auf Märkte und Branchen, die Zukunft haben, fokussiert werden, umso besser. Das Ihnen vorliegende Buch möchte einen aktiven Beitrag leisten, um den zukunftsorientierten Strategien, die wir alle dringend brauchen, rascher zum Durchbruch zu verhelfen.

Meilensteine der wirtschaftlichen Entwicklung in Europa

Meilensteine der wirtschaftlichen Entwicklung in Europa bis 2005

Geplante Einführung des Euro am 1. 1. 1999

Ein gemeinsamer Wirtschaftsraum braucht eine einheitliche Währung. Nur so kann die Kraft des europäischen Binnenmarktes voll entfaltet werden. Stellen Sie sich vor, in den 52 Bundesstaaten der USA gäbe es ebenso viele unterschiedliche Währungen. Dies wäre für die meisten Europäer wohl undenkbar. Ebenso ist es für viele Amerikaner unverständlich, warum in der EU jedes Land heute noch eine eigene Währung hat.

Durch die Einführung des Euro wird sich die europäische Wirtschaft jährlich rund 100 Mrd. DM ersparen. Das sind die Kosten, die derzeit durch die Währungsvielfalt innerhalb der Europäischen Union verursacht werden. In dieser vom Ifo-München für 1995 berechneten Summe sind jedoch nur die direkten Devisenverwaltungskosten enthalten, darunter Aufwendungen für den Tausch von Devisen, die Suche nach Tauschpartnern, Kosten für die Kurssicherung und die Erhaltung der Liquidität. Nicht berücksichtigt sind die schwer messbaren indirekten Kosten, die etwa dadurch entstehen, dass Unternehmen wegen der Wechselkursrisken auf den Export in bestimmte EU-Länder von vornherein verzichten.

Die gemeinsame europäische Währung ist ein Meilenstein in der wirtschaftlichen Entwicklung. Der Euro wird die EU-Staaten in weit höherem Maße aneinander binden als bisher. Kein Mitglied der Währungsunion wird noch zur Notbremse der Abwertung greifen können, wenn die eigene Exportwirtschaft nicht mehr mithalten kann. Die beteiligten Staaten werden nicht umhin können, ihre Steuer- und Sozialpolitik aufs Engste abzustimmen. Gelingt das Vorhaben Euro, dann könnte die neue gemeinsame Währung zur führenden Reservewährung der Welt aufsteigen. Damit würde der US-Dollar erstmals einen ernst zu nehmenden Mitbewerber bekommen. Unter diesem Aspekt sollte man auch die kritischen Stimmen der Amerikaner zum Euro betrachten. Über die Steuerung der Wechselkurse erhält die Europäische Union ein Instrument der Handelspolitik, das wichtiger ist als jede Art von Importzöllen.

Die Herausforderungen des Euro für die europäische Politik, den Bankenbereich und die Wirtschaft sind enorm. Ein sehr ernst zu nehmendes Problem ist, dass der Euro in den letzten Monaten primär negativ dargestellt wurde. Der laufende Streit über die Erreichbarkeit der einzelnen Konvergenzkriterien, die damit verbundenen und notwendig gewordenen Sparpakete, die Frage, ob es Italien oder andere südeuropäische Staaten überhaupt schaffen werden, bei der Einführung des Euro mit dabei zu sein, sind nur einige Aspekte, die die Menschen in Europa derzeit nachhaltig beschäftigen. Ob der Euro ein Europa der zwei Geschwindigkeiten bringen wird, inwieweit die Umstellung überhaupt funktionieren wird und welches Vertrauen die Konsumenten in den Euro setzen werden, sind Faktoren, die starke Auswirkungen auf das private Konsumklima in Europa haben werden.

Faktum ist, dass durch die Einführung des Euro eine Währungsumstellung passiert, jedoch keine Währungsreform. Die Angst, die immer wieder geschürt wird, dass dabei Kaufkraft verloren gehen könnte, ist unbegründet. Vertrauensbildende Maßnahmen in und um den Euro werden jedoch sehr rasch notwendig sein, um das private Konsumklima nicht abdriften zu lassen. Dazu wird eine breit angelegte und vor allen Dingen überzeugende Informationskampagne notwendig sein.

Dass das Vertrauen in die gemeinsame europäische Währung derzeit Besorgnis erregend schwach ist, zeigt unter anderem eine Studie des Market-Instituts, die im April 1997 repräsentativ für Österreich durchgeführt wurde. Es wurden Währungen nach ihrer Vertrauenswürdigkeit beurteilt. Die Mehrzahl der Befragten, rund 80 %, nannten den Österreichischen Schilling, die Deutsche Mark und den Schweizer Franken als die vertrauenswürdigsten Währungen. Jedoch nur 12 % der österreichischen Bevölkerung stuften den Euro als vertrauenswürdige Währung ein. Bessere Werte erzielte sogar die Italienische Lira, die mit 13 % unmittelbar vor dem Euro gereiht wurde. Dieses Ergebnis zeigt klar, dass es einen akuten Handlungsbedarf zum Thema Euro gibt, denn das höchste Gut in der Wirtschaft und im Geld- und Bankenbereich ist das Vertrauen.

Neben der richtigen technischen Handhabung der Währungsumstellung sind also insbesondere vertrauensbildende Maßnahmen bei den Endverbrauchern in die neue gemeinsame Währung von eminenter Wichtigkeit. Würden diese Maßnahmen, aus welchen Gründen auch immer, nicht oder kaum greifen, ist die Wahrscheinlichkeit sehr groß, dass das private Konsumklima gedämpft wird. Dies würde eine Konjunkturbremse in der wirtschaftlichen Entwicklung Europas mit weit reichenden Negativfolgen verursachen. Privates Kapital würde verstärkt in Immobilien, Gold oder auch in anderen Währungen angelegt werden. Der private Konsum, der sowohl in Deutschland als auch in Österreich rund 55% des Bruttoinlandsproduktes ausmacht, würde gebremst werden und damit einen wirtschaftlichen Aufschwung unmöglich machen.

Die Konsequenzen aus dem bisher Bekannten sind rasch zu ziehen. Die positiven Effekte des Euro müssen klar herausgestrichen und den Endverbrauchern verständlich gemacht werden.

Eine offene und ehrliche Informationslinie zur Einführung der gemeinsamen europäischen Währung ist dazu unabdingbar notwendig. Eine falsche oder überzogene Erwartungshaltung ist tunlichst zu vermeiden. Es ist dringend an der Zeit, dass die Einführung des Euro vom derzeit stark negativ besetzten den Turnaround zum positiven Thema schafft. Gelingt dies, dann wird der Euro zu einem kurzfristigen Wachstumsmotor in der Wirtschaft werden. Allein die neuen, niedriger wirkenden Verkaufspreispunkte bei Produkten und Dienstleistungen werden aus kaufpsychologischen Gründen eine zusätzliche Konsumnachfrage verursachen.

Für die Unternehmen bringt der Euro zu Beginn eine Menge Mehrarbeit und beträchtliche Umstellungskosten. EDV-technische Maßnahmen bringen signifikante Zusatzkosten, die insbesondere im Handel durch die Doppelpreiskennzeichnungspflicht in der Umstellungsphase bis zum Jahr 2002 entstehen werden. Zusätzliche Marktforschungsstudien in Industrie und Handel werden notwendig sein, um die neuen Euro-Preiselastizitätskurven zu erkennen. Dabei kommt den Preispunkten in der Euro-Währung eine hohe Bedeutung zu.

Mit Sicherheit wird der Euro multivariate Auswirkungen haben. Nachfrageschübe, Nachfrageveränderungen, aber auch Nachfrageausfälle können durch den Euro produziert werden. Letztere treten dann ein, wenn die gemeinsame europäische Währung nicht aktiv aufbereitet und genützt wird.

Die Jahrtausendwende – ein Innovationsschub in Wirtschaft, Gesellschaft und Politik

Das Jahr 2000 bringt mit dem Eintritt in das dritte Jahrtausend einen psychologischen Effekt mit sich, der für uns alle noch kaum vorstellbar ist. Auf der einen Seite werden die Kunden eine enorme Innovationsaufnahmebereitschaft haben, wofür es keinen vergleichbaren Wert in der Vergangenheit gibt. Auf der anderen Seite haben viele Betriebe Innovationen zurückgehalten, die sie erst in den Jahren 2000/2001 lüften werden. Viele Unternehmen werden am Beginn des dritten Jahrtausends einen Paukenschlag setzen, um ihre Innovationskraft erneut und in einer besonderen Form unter Beweis zu stellen.

Die Jahrtausendwende birgt ein enormes Chancenpotenzial für die europäische Wirtschaft, einen signifikanten Wachstumsschub zu schaffen. Auch die Weltwirtschaft wird einen additiven Wachstumsimpuls erfahren. Weichenstellungen für zukunftsorientierte EU-Strategien könnten in einer Dimension vorgenommen werden, die in der Vergangenheit nicht möglich war. Versteinerte Strukturen können einer Neuorientierung zugeführt werden. Die Bereitschaft der Bürger, Mitglieder von Organisationen, Mitarbeiter der Unternehmen, einen Veränderungsschub nicht nur zuzulassen, sondern auch aktiv mitzugestalten, wird sehr groß sein. Visionen werden leichter umsetzbar sein, als es in den 90er Jahren der Fall war. Voraussetzungen dafür sind aber zukunftsorientierte Strategien. Diese müssen jetzt definiert werden, damit sie zur Jahrtausendwende umgesetzt und die Systeme von morgen geschaffen werden können.

Einige plakative Beispiele sollen skizzieren, mit welcher psychologischen Aufbruchstimmung durch den Eintritt in das neue

Jahrtausend zu rechnen sein wird. Stellen Sie sich vor, Sie sind Feuerwerkskörper-Verkäufer und das über viele Jahre hindurch. Raketen- und Feuerwerkskörper-Verkäufer werden gut beraten sein, sich für den Silvesterabend 1999 ein übergroßes Lager anzulegen. Es werden zum einen die Stammkunden und die Laufkundschaft größere Mengen an Feuerwerkskörpern kaufen als die Jahre davor, da man ja in das dritte Jahrtausend schießt, zum anderen werden aber Neukunden Raketen und Feuerwerkskörper kaufen, die sich bis dato noch nie mit diesen Artikeln beschäftigt haben.

Die Begründung dazu ist simpel, es ist ein historisches Ereignis, wenn man die Jahrtausendwende aktiv miterleben darf und kann. Diese Aufbruchstimmung wird sich nicht nur in einem erhöhten Absatz von Feuerwerkskörpern, Champagner oder Silvesterartikeln widerspiegeln, sondern die gesamte Wirtschaft positiv erfassen.

Die Jahrtausendwende wird uns eine Vielzahl von Innovationen bescheren, wie zum Beispiel wasserstoffbetriebene Pkws und Minivans, noch leistungsfähigere Hybridautos oder Service-Roboter, die den stagnierenden Haushaltgerätemarkt in Europa wieder stimulieren werden. Dass die Jahrtausendwende die Wirtschaft und die Konsumenten mit kreativen Ideen beflügeln wird, ist sicher. Derzeit liegen bereits ausgefallene Angebote von Reiseunternehmen für die Silvesternacht vom 31. 12. 1999 auf den 1.1.2000 vor. In Florida kann beispielsweise eine Concorde der Air France gemietet werden, um den Beginn des neuen Jahrtausends rund um den Erdball zu verfolgen. Es soll unter anderem in Paris, in Vancouver und schließlich in Hawaii gefeiert werden. Für die 65.000 Dollar teure Silvesterflugreise wurden bereits 80 Interessenten gefunden. In New Yorks Rainbow Room, im Ritz in Paris, im Savoy Hotel in London und im futuristischen Space Needle Restaurant in Seattle sind bereits alle Plätze für die Veranstaltungen in dieser Silvesternacht ausgebucht.

Die TV-Sender bereiten eine Silvestersendeleiste vor, die es bisher noch nicht gegeben hat. In 30minütigen Intervallen werden unterschiedlichste Sender weltweit das Silvesterprogramm gestalten. Dieser internationale Silvestermix wird den Konsumenten via Satellit in die Haushalte geliefert. Die Unternehmer, die ihre TV-Spots in dieser Nacht platzieren wollen, tun gut daran, die Buchungen frühzeitig vorzunehmen.

Die Jahrtausendwende bietet eine einzigartige Chance für Politik, Wirtschaft und Gesellschaft, mit Mut und Konsequenz Strukturveränderungen einzuleiten und vorzunehmen, die innerhalb Europas eine positive Zukunftsausrichtung absichern helfen. Es ist zu hoffen, dass die Gunst der Stunde dafür genutzt wird und positive Zukunftsthemen den so wichtigen Feel-good-Faktor bei den Konsumenten und in der Gesellschaft erwachen lassen. Gleichzeitig brauchen wir zukunftsweisende Strategien, denn ernüchternde und harte Entwicklungen werden uns nach der Begeisterung über die Jahrtausendwende nachhaltig beschäftigen.

Explodierende Erdölpreise in den Jahren 2002 bis 2005

Immer mehr namhafte Wissenschafter und Experten gehen davon aus, dass der nächste Erdölschock kommt. Asien wird einen explodierenden Energiebedarf haben. Am Weltenergiegipfel in Tokio 1995 wurde prognostiziert, dass Ende der 90er Jahre Asien mehr Erdöl verbrauchen wird als die USA. Der zukünftige Anstieg des weltweiten Gesamtenergieverbrauchs wird zu mehr als 50 % auf Asien entfallen. Dieser Nachfrageschub aus dem asiatischen Raum wird die Erdölpreise weltweit zum Steigen bringen.

Zusätzlich wird die Europäische Union nicht erneuerbare Energieträger und hier im Besonderen Erdöl signifikant besteuern. Bis zum Jahr 2005 will die EU den Literpreis von Diesel oder Benzin um 30 bis 50 Pfennig höher besteuern. Im Gegenzug sollen die Lohnnebenkosten gesenkt werden. Die zusätzliche Verteuerung von nicht erneuerbarer Energie durch eine erhöhte Abgabe- bzw. Steuerquote wird nur dann auf gesellschaftliche Akzeptanz treffen, wenn dadurch die menschliche Arbeitskraft verbilligt und die zu hohe Arbeitslosigkeit in der EU abgebaut wird. Der Druck, fossile Energieträger höher zu besteuern, wird wachsen. Insbesondere die immer stärker werdenden ökologisch orientierten Gruppen werden neue Steuersysteme einfordern, die nicht erneuerbare Energien sukzessive verteuern, regenerierbare Energieträger jedoch fördern sollen, um so den Marktdurchbruch dafür zu schaffen.

Zwischen 2002 und 2005 wird laut den oben skizzierten Entwicklungen 1 Liter Benzin bzw. Diesel in Europa etwa 3 DM oder ca. 1,5 Euro kosten.

Durch optimierte und ausgefeilte Techniken können in zahlreichen Bereichen wie zum Beispiel in der Autoindustrie bis zum Jahr 2005 die Verbrauchsquoten einzelner Erzeugnisse um weitere 30 % gesenkt werden, bei gleich bleibender oder sogar höherer Leistung. Dadurch wird der höhere Erdölpreis nicht überall zur Gänze durchschlagen. Eine ähnliche Entwicklung zeigt sich bei den Laptops der neuesten Generation, die um 30 % weniger Energie verbrauchen, aber gleichzeitig ein Drittel mehr Leistung erbringen.

Außer Zweifel steht, dass sich die europäische Politik und Wirtschaft auf die explodierenden Erdölpreise in den Jahren 2002 bis 2005 vorbereiten muss, will sie die Auswirkungen eines dritten Ölschocks präventiv vermeiden. Mit Sicherheit werden die hohen Erdölpreise von 2005 in den Folgejahren nicht sinken, sondern tendenziell steigen. Damit werden ab diesem Zeitpunkt sämtliche betriebswirtschaftliche Rechnungen mit erneuerbaren Energiequellen unter einem gänzlich neuen Licht erscheinen. Oder anders gesagt, die explodierenden Erdölpreise werden den erneuerbaren Energien nachhaltig und dauerhaft zum Durchbruch verhelfen.

Eine substanzielle Frage wird in diesem Zusammenhang heißen: Ist die europäische Politik und Wirtschaft so weise und vorausschauend, rechtzeitig und kurzfristig erneuerbare Energien mengenmäßig so zu forcieren, dass auch explodierende Erdölpreise dem Wirtschaftswachstum wenig hinderlich sein können? Ein zukunftsorientierter Energiemix wird vor allem Fotovoltaik, Wasserstoff, Brennstoffzellen, Windenergie, Wasserkraft und Biomasse forcieren. Gleichzeitig werden die fossilen Energieträger Marktanteile verlieren, ebenso wie die Kernkraft. Ausführungen dazu finden Sie im Kapitel „Der Energiemarkt – Sackgassenpolitik oder Markt mit Zukunft?". In diesem Umfeld wird das Energiesparen mit Hilfe neuer Instrumente und Techniken kräftig an Attraktivität gewinnen.

Wir leben im Jahrzehnt der minus 30 %

Die Wirtschaft steht vor bzw. inmitten ihres größten Strukturwandels und Umbruchs seit 1945. Die wesentliche Konsequenz daraus ist das Jahrzehnt der minus 30 %.

In Deutschland werden bis zum Jahr 2005 rund 30 % der Lebensmittelgeschäfte zusperren. Ein Drittel der Bankfilialen in Deutschland und Österreich werden schließen. Progressive Studien gehen davon aus, dass es sogar 50 % sein könnten. Laut Financial Times könnten allein in Deutschland rund 500.000 gut bezahlte Arbeitsplätze in den nächsten 10 Jahren in der Finanzbranche verloren gehen.

In Österreich werden 30 % der Tankstellen bis zum Jahr 2005 schließen. Ebenso werden 30 % der Lebensmittelbetriebe zusperren. Selbst der Auslandstourismus wird bis zum Jahr 2005 in Österreich um 30 % rückläufig sein, das entspricht einem Einnahmenverlust von rund 60 Mrd. ÖS. Rund ein Drittel der Postangestellten werden in Deutschland und in Österreich bis zum Jahr 2005 abgebaut werden. Auch die Kirche kann sich dem Jahrzehnt der minus 30 % nicht entziehen. Allein in Deutschland werden ihr wegen hoher Arbeitslosigkeit und einer Steuerreform 1997 etwa 2 Mrd. DM entgehen. Rund 700 Pfarrer in Thüringen bekommen kein Weihnachts- und Urlaubsgeld mehr. Zudem werden die Gehälter bis Ende 1999 um 5 % gekürzt. In Hessen werden bis zur Jahrtausendwende fast 10 % der Pfarrstellen abgebaut.

Die Trends, die sich in Deutschland und Österreich abzeichnen, sind in viele Bereiche innerhalb der EU zu transferieren. So werden von 1995 bis zum Jahr 2005 bei den europäischen Telekom-Unternehmen rund 320.000 Arbeitsplätze abgebaut.

Von den 911.000 Arbeitsplätzen im Versicherungsbereich in der Europäischen Union (Stand 1995) sind bis zum Jahr 2005 345.000 akut gefährdet.

Das Jahrzehnt der minus 30 % wird in der Wirtschaft nachhaltige Spuren hinterlassen und Gesellschaft und Politik besonders fordern.

Ursachen für das Jahrzehnt der minus 30 % sind unter anderem folgende Entwicklungen und Trends:

- Der rauher werdende Verdrängungswettbewerb.
- Stagnierende und rückläufige Märkte in Key-Markets der letzten Jahrzehnte.
- Hohe Arbeitslosigkeit in der EU und damit verbunden die geringere Kaufkraft, die aus diesem Titel für die Konsumenten entsteht.
- Die sich rasch ändernden Märkte inklusive den neuen Trends im Kundenverhalten.
- Das Auseinanderdriften der Veränderungs- und Anpassungsgeschwindigkeit von Politik und Wirtschaft. Die Instrumente der Politik gleichen denen der 70er Jahre, während die Wirtschaft mit Instrumenten des 21. Jahrhunderts arbeiten muss.
- Neue Technologien substituieren Produkte und Dienstleistungen aus fremden Branchen.
- Der Trend zur Macht der Kleinen verstärkt den Trend zum Dezentralismus.

- Das Kommunikationszeitalter bringt Substitutionseffekte in nahezu allen Branchen, neue Märkte mit Zukunft werden hingegen nur langsam entdeckt oder zaghaft zugelassen.
- In der Produktion gilt die Formel: höhere Produktivität durch verstärkte Automatisation bei gleichzeitigem Personalabbau.
- Der Dienstleistungssektor, jahrelang Hoffnungsmarkt für neue Arbeitsplätze, unterliegt ebenso starken Rationalisierungsmaßnahmen wie die Produktion.

Das Jahrzehnt der minus 30 % bringt viel Schatten aber auch viel Licht. Die verbleibenden 70 % der Unternehmen können sich einen größer gewordenen Markt aufteilen. Die Frage, die sich jedes Unternehmen stellen muss, heißt: Zählt man im Jahr 2005 zu den verbleibenden und erfolgreichen 70 % oder gehört man zu den minus 30 %?

Wie Sie das Jahrzehnt der minus 30 % erfolgreich meistern können, erfahren Sie in dem Kapitel „Die Marketingempfehlungen inklusive Marktbewertungsmodell“.

Gesellschaftspolitische und wirtschaftliche Rahmenbedingungen

Rahmenbedingungen in der EU bis 2005

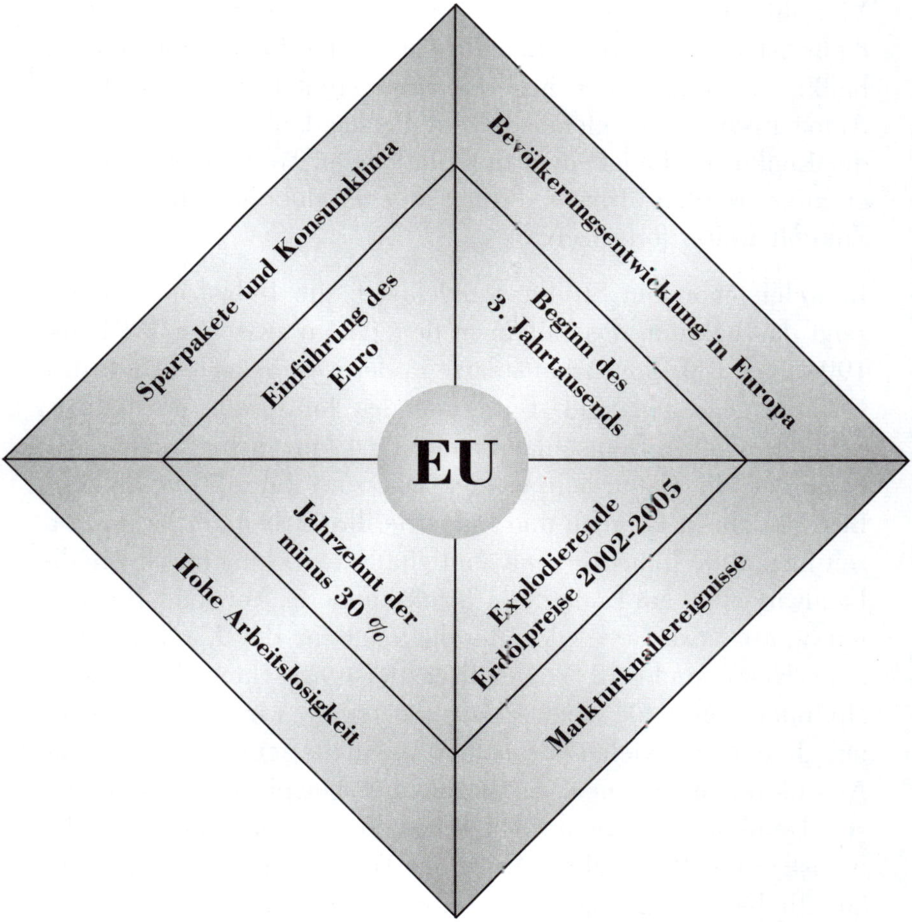

Arbeitslosigkeit in der Europäischen Union

Mit rund 11 % Arbeitslosen hält die EU einen traurigen Spitzenwert. Im Vergleich dazu weisen die USA eine Arbeitslosenquote von rund 5 %, Japan von etwa 3 % aus.

Bis zum Jahr 2005 werden in der europäischen Industrie eine Vielzahl von Arbeitsplätzen abgebaut. Die wesentliche Ursache dafür ist das derzeit gültige Primat in der Produktion, das da heißt: Erzielung einer höheren Produktivität durch verstärkte Automatisation bei gleichzeitigem Personalabbau. Nur so kann die Konkurrenzfähigkeit im internationalen Wettbewerb aufrecht erhalten werden. Dieses Primat der Produktion wird sich in Zukunft weiter fortsetzen.

In welch enormem Strukturwandel sich die Industrie befindet, zeigt das Faktum, dass allein in den Jahren zwischen 1991 und 1994 über 1 Million Arbeitsplätze in der westdeutschen Industrie verloren gegangen sind. Ein Ende des Jobverfalls ist nicht in Sicht. So sind in Deutschland mehr als 4 Mio. Arbeitsplätze akut gefährdet. In Österreich werden bis zum Jahr 2005 250.000 Beschäftigte in Bergbau und Industrie ihre Arbeit verlieren. Derzeit macht die Industrie eine ähnliche Entwicklung durch wie die Landwirtschaft am Ende des 19. Jahrhunderts. Vor rund 100 Jahren waren etwa 80 % der Beschäftigten in der Landwirtschaft tätig. Heute sind es 3 %. Der Dienstleistungssektor, der stets als Hoffnungsmarkt für neue Arbeitsplätze galt, wird in den nächsten Jahren in vielen Branchen ebenfalls große Mengen an Arbeitsstellen abbauen. So bezeichnet beispielsweise ein Vorstandsmitglied der Deutschen Bank die Geldinstitute als Stahlindustrie der 90er Jahre. Auch die Versicherungswirtschaft, die öffentliche Verwaltung, aber selbst Zukunftsbranchen wie die

Software-Industrie werden den Arbeitsplatzabbau verstärkt fortsetzen. An den deutschen Universitäten studierten im Herbst 1996 noch über 30.000 junge Menschen Informatik. Der Großteil dieser angehenden Computerexperten wird am Arbeitsmarkt kaum mehr Chancen auf einen sicheren Job haben. Ursache dafür sind die immer leistungsfähiger werdenden Geräte, die den Programmierern zur Verfügung stehen. Mit diesen Instrumenten der neuen Generation kann ein Programmierer der Zukunft so viel leisten wie 100 seiner heutigen Kollegen. Auch für Österreich gilt, dass im Dienstleistungsbereich eine Vielzahl von Arbeitsplätzen verloren gehen werden.

Nachfolgend eine Projektion des Arbeitsmarktes in Österreich bis zum Jahr 2005. Die Annahme ist die, dass sich die Rahmenbedingungen von 1997 nicht wesentlich ändern.

Entwicklung der unselbstständig Beschäftigten 1996 in Österreich nach Wirtschaftsklassen inkl. Projektion 2005

	Stand 1996 absolut	Veränderung zum Vorjahr in %	Projektion 2005 absolut	Projektion 2005 Kommentar
Land- und Forstwirtschaft	25.879	- 0,6	23.500	rückläufig
Bergbau, Industrie und Gewerbe	922.295	- 2,4	650.000	rückläufig
Bergbau, Steine und Erden	14.578	- 0,3	13.000	rückläufig
Nahrung, Getränke, Tabak	81.202	- 2,8	72.000	rückläufig
Textilien, Bekleidung, Leder	48.174	- 8,4	40.900	rückläufig
Holz, Papier, Verlagswesen, Druckerei, Vervielfältigung	84.980	- 2,2	72.200	rückläufig
Chemie, Recycling	58.537	- 2,3	52.600	rückläufig
Stein- und Glaswaren	30.706	- 9,4	26.000	rückläufig
Erzeugung und Verarbeitung von Metallen	260.624	- 1,2	235.000	rückläufig
Möbel, Schmuck, Musikinstrumente, Sportwaren, Spielwaren	47.831	- 5,6	40.600	rückläufig
Energie- und Wasserversorgung	31.149	- 1,6	35.000	wachsend
Bauwesen	264.514	- 1,3	297.000	wachsend
Dienstleistungen	2.007.580	+ 0,3	2.057.000	stabil
Handel, Reparatur	491.561	- 0,3	475.000	rückläufig
Gaststättenwesen	141.915	+ 0,2	100.000	rückläufig
Verkehr, Nachrichtenübermittlung	224.763	- 1,8	185.000	rückläufig
Kredit- und Versicherungswesen	110.264	- 1,5	85.000	rückläufig
Unternehmensnahe Dienstleistungen	191.771	+ 4,0	265.000	wachsend
Öffentliche Verwaltung, Landesverteidigung, Sozialversicherungen	465.236	- 0,4	418.500	rückläufig
Unterrichtswesen	117.060	+ 1,2	120.000	stabil
Gesundheits-, Veterinär- u. Sozialwesen	135.234	+ 3,8	200.000	wachsend
Sonstige öffentl. und private Dienste, exterritoriale Organisationen	125.096	+ 1,7	150.000	wachsend
Private Haushalte	4.680	- 0,5	4.700	stagnierend
Präsenzdiener	12.753	- 3,1	11.000	rückläufig
Bezieher von Karenzurlaubsgeld	78.750	- 4,9	67.000	rückläufig
Insgesamt	3.047.257	- 0,7	2.808.500	rückläufig

Unter den derzeit gültigen Voraussetzungen wäre es eine Illusion zu glauben, dass der Dienstleistungsbereich die verloren gegangenen Arbeitsplätze in Industrie, Gewerbe und Landwirtschaft kompensieren kann. Vielmehr zeigt sich, dass auch der Dienstleistungssektor durch verstärkte Automatisation und auch durch verstärkten Einsatz von Dienstleistungsrobotern in Zukunft in bestimmten Wirtschaftsbereichen einen signifikanten Abbau von Arbeitsplätzen verzeichnen wird.

Dass durch das Wirtschaftswachstum allein die Jobprobleme zu lösen sind, ist ebenfalls ein Irrglaube. So zeigt sich, dass in Deutschland bei einem realen Wirtschaftswachstum von + 2 % keine additiven Arbeitsplätze geschaffen werden. Um positive Beschäftigungseffekte zu verzeichnen, wäre ein jährliches reales Wirtschaftswachstum von mehr als 3 % notwendig. Dass dies Deutschland über mehrere Jahre hindurch schaffen könnte, glauben nicht einmal Zweckoptimisten.

Hingegen hat das Jobwunder USA von 1980 bis 1996 rund 23 Millionen neue Arbeitsplätze geschaffen. In den USA sind bereits 71 % der unselbstständig Beschäftigten im Dienstleistungsbereich tätig. Im Vergleich dazu hat Österreich mit einem Anteil von 59 % einen hohen Aufholbedarf, Vergleichbares gilt für Deutschland.

Die USA setzen schon seit den 70er Jahren verstärkt auf Teilzeitarbeit, haben aber auch beim Reallohn konkrete Einbußen in Kauf genommen, ähnlich wie das derzeit viel zitierte Musterland Niederlande, das die Arbeitslosigkeit auf 6,6 % drücken konnte. In den USA ist sogar das reale mittlere Einkommen heute geringer als Ende der 70er Jahre.

Geht man davon aus, dass die EU die Öffnung zu den Oststaaten, in erster Linie zu Polen, Tschechien, Ungarn ernst meint, dann wird die Annäherung der beiden so unterschiedlichen Systeme unter anderem Lohneinbußen im Westen und Lohnerhöhungen im Osten nach sich ziehen. Bedenkt man, dass beispielsweise in Polen ein Magister der Pharmazie, der eine Apotheke leitet, pro Monat zwischen 2.000,– und 4.000,– ÖS Gehalt bezieht, ist leicht verständlich, dass eine Annäherung nur schrittweise erfolgen kann. Wobei neben dem Faktor Produktivität insbesondere die Frage der Umverteilung die Politik, Wirtschaft und Öffentlichkeit nachhaltig beschäftigen wird.

Um die brisante Arbeitsmarktsituation in Europa in den Griff zu bekommen, sind die Schaffung von Märkten mit Zukunft und das Forcieren der Teilzeitarbeit zwei substanzielle Instrumentarien. In Zukunft wird eine Regel verstärkt gelten: Lieber zwei Teilzeitjobs als arbeitslos.

Teilzeitarbeit – ein Markt mit Zukunft

Teilzeitarbeit schafft neue Arbeitsplätze. Eine Modellrechnung des Instituts für Arbeitsmarkt- und Berufsforschung der Nürnberger Bundesanstalt für Arbeit zeigt, dass bereits eine Abnahme der Jahresarbeitszeit um 26 Stunden, ausgelöst durch mehr Teilzeitarbeit, zu fast einer halben Million neuer Stellen führt.

In Deutschland wie auch in Österreich spielt die Teilzeitarbeit eine unterentwickelte Rolle. Beispielsweise arbeiteten in Deutschland 1996 lediglich 16,3 % der Erwerbstätigen in Teilzeit. In den Niederlanden waren hingegen 37 % aller Erwerbstätigen Teilzeitbeschäftigte.

Dass ein Mehr an Teilzeitarbeit eine unmittelbar positive Auswirkung auf den Dienstleistungssektor hat, ist Faktum. Beide Bereiche haben in Zentraleuropa jedoch einen stark unterentwickelten Anteil.

Aufgabe wird es sein, die Teilzeitarbeit zu forcieren und mit attraktiven Imagewerten zu versehen. Derzeit wird in Deutschland und in Österreich Teilzeitarbeit sehr oft als minderwertig angesehen. Ein wesentlicher Faktor, der bei der Teilzeitarbeitsdiskussion nicht berücksichtigt wird, ist, dass man sich bei geringerer Beschäftigung in bestimmten Fällen der progressiven Einkommenssteuer entziehen kann, was wiederum den unmittelbaren Einkommensverlust mildert. Ein Beispiel dazu: Geht ein Arbeitnehmer bei einem Bruttogehalt von 4.000 DM pro Monat auf eine Dreiviertel-Stelle zurück, bekommt er trotzdem fast 80 % seines früheren Nettolohnes.

Eine wesentliche Voraussetzung für Teilzeitarbeit – ein Markt mit Zukunft – sind liberale Öffnungszeiten und flexible Arbeitszeiten. Will Zentraleuropa den Lebensstandard auf dem derzeitigen hohen Niveau halten bzw. ausbauen, dann werden im Handel lange Öffnungszeiten und in der Industrie noch flexiblere Arbeitszeitmodelle notwendig sein. Wir werden auch in Deutschland und Österreich Regelungen brauchen, die es den Unternehmern problemlos ermöglichen, von Montag bis Samstag von 8.00 Uhr bis 22.00 Uhr ihre Geschäfte offen zu halten. Ebenso wie in Holland bereits erfolgreich praktiziert, wo an einem Sonntag im Monat die Geschäfte offen halten dürfen, werden auch Deutschland und Österreich Sonntagsöffnungszeiten zulassen müssen.

Dass diese Entwicklung nicht wirklich neu ist, zeigt ein Blick in die USA. Öffnungszeiten von 24 Stunden und das sieben Tage in der Woche sind dort üblich. Einzelne Vertriebsschienen praktizieren auch in Europa den 24-Stunden-Betrieb und das mit Erfolg. Die Tankstellenshops, die von Montag bis Sonntag rund um die Uhr den Konsumenten die Möglichkeit bieten, Produkte des alltäglichen Bedarfs zu kaufen, zählen ebenso dazu wie das Kontofon, mit dem zeitunabhängig bestimmte Bankgeschäfte erledigt werden können. Dass die Tankstellen in Deutschland ihren Hauptumsatz bereits aus dem Shopgeschäft machen, ist Faktum. Unterschiedliche Studien belegen, dass rund 40 % der Einnahmen einer Tankstelle in Deutschland bereits aus dem Shopgeschäft erwirtschaftet werden, etwa 35 % aus dem Kerngeschäft, also aus dem Verkauf von Treibstoffen und Kraft- und Schmierstoffen, sowie 25 % aus Dienstleistungen.

Verständlicherweise sind immer längere Öffnungszeiten, die sich noch dazu auf den Sonntag ausdehnen, Entwicklungen, die insbesondere kleinen Unternehmen und Familienbetrieben Sorge bereiten. In immer mehr Familienunternehmen wird die Frage diskutiert, wie man 7-Tage-Öffnungszeiten kapazitätsmäßig überhaupt schaffen kann, ohne dass dadurch die eigene Lebensqualität zur Gänze schwindet. Das Prinzip des Management by Delegation wird daher eine Renaissance erleben. Mitarbeiter mit unternehmerischem Denken und Handeln werden an Stellenwert gewinnen. Um die langen Öffnungszeiten praktikabel zu machen, werden Teilzeitarbeitskräfte in verstärktem Maße notwendig. Gleichzeitig werden sich die Unternehmer in ihrem Führungsstil auf Kern- und Randzeiten konzentrieren müssen. In den übrigen Geschäftszeiten werden sich die Unternehmer oder Führungskräfte mehr denn je Freiraum gönnen, um ihre berechtigte Lebensqualitäts-Erwartungshaltung zu befriedigen. In kleineren Betriebstypen wird eine Vertretungskraft notwendig sein, die das Management über gewisse Zeitstrecken problemlos ersetzen kann. Firmenchefs in mittleren und kleineren Betrieben werden das „Loslassen“ erstmals oder erneut lernen müssen.

Was die Teilzeitarbeit im Handel ist, sind die flexiblen Arbeitszeitmodelle in der Industrie. Die Zielsetzung von Philips Österreich, den Standort Wien zum Kompetenzzentrum auszubauen, wird unter anderem von der Forderung nach flexiblen Arbeitszeitmodellen und von einer durchgängigen Möglichkeit, auch an Sonntagen produzieren zu können, abhängig gemacht. Geht man davon aus, dass die Globalisierung der Wirtschaft am Anfang steht, und dass diese Entwicklung rasch voranschreitet, gibt es keine andere Alternative, als sich auf die Flexibilität der Arbeitszeit und auf die Modelle der Teilzeitarbeit zu konzentrieren.

Mit Sicherheit ist die Formel, die über viele Jahre die Gewerkschaften präsentiert haben, „Arbeitszeitverkürzung bei vollem Lohnausgleich“, nicht mehr zu halten.

Die öffentliche Hand wird durch die zunehmende Arbeitslosigkeit mit immer größeren Budgetlöchern konfrontiert. Der Trend zur neuen Armut wird sich in Europa und damit auch in Deutschland und Österreich verstärkt fortsetzen.

Maßnahmen gegen die zu hohe Arbeitslosigkeit in Europa sind rasch zu setzen. Die Politik kann mit Sicherheit keine Arbeitsplätze schaffen, im Gegenteil, sie wird zukünftig Arbeitsstellen abbauen, da der Verwaltungsbereich schlanker gemacht werden muss. Mehr denn je wird die Politik Rahmenbedingungen für die Wirtschaft schaffen müssen, damit diese im internationalen Wettbewerb bestehen kann.

Wesentliche Parameter für die Zukunft

- Forcierung von Teilzeitarbeit inklusive Flexibilisierung der Arbeitszeit
- Absenkung der Lohnnebenkosten
- Höhere Investitionen in Forschung und Entwicklung
- Förderung von Märkten mit Zukunft
- Schaffung attraktiver Voraussetzungen für eine Unternehmensgründungswelle
- Liberalisierung der Gewerbeordnung
- Förderung der erneuerbaren Energien
- Schaffung eines Feel-good-Faktors bei den Konsumenten
- Höhere Besteuerung der nicht erneuerbaren Energien
- Mehr Ehrlichkeit und Offenheit in der Präsentation und Diskussion der zukünftigen Herausforderungen

- Entschlossenes und rascheres Handeln
- Annäherung der Anpassungsgeschwindigkeit von Politik zum Umsetzungstempo der Wirtschaft

Teilzeitarbeit steigert die Leistungsmotivation

Jüngere Studien zeigen, dass die Leistungsmotivation und der effektive Output bei Teilzeitarbeitskräften um bis zu 20 % höher liegen, als bei Vollzeitkräften. Auch geringere Fehlzeiten sind durch das Timesharing zu verzeichnen. Dass Teilzeitarbeit sogar die klassischen Leistungsmotivationstheorien beeinflusst, zeigt ein kurzer Ausblick auf die Theorie von Atkinson.

Die Leistungsmotivation ist ein Produkt aus den drei Faktoren Motivdisposition, Anreizpotenzial und subjektive Erfolgswahrscheinlichkeit oder kurz in der Formel nach Atkinson ausgedrückt:

LM = ES/MM x Anreiz x subjektive Erfolgswahrscheinlichkeit

Legende:

LM
Leistungsmotivation

ES/MM
steht für die Disposition des Mitarbeiters. Die Theorie unterscheidet zwischen Erfolgssucher und Misserfolgsmeider.

Anreiz
Darunter versteht man das Potenzial von materiellen und immateriellen Anreizsystemen. Sehr oft wird in Unternehmen der mate-

rielle Anreizbereich durch Provisionen, Geldprämien, Incentives forciert. Tendenziell wird jedoch der immaterielle Anreizbereich wichtiger. Zu berücksichtigen sind in diesem Zusammenhang neben dem situativen Ansatz die neuen fünf Hauptmerkmale, die nach Prof. Opaschowski die Arbeitswelt 2010 prägen und zu hoher Arbeitszufriedenheit führen werden:

- Spaß
- Sinn
- Geld
- Status
- Zeit

Das wollen die Arbeitnehmer in Zukunft. Ob materielle oder immaterielle Anreize stärker motivieren, hängt wesentlich vom situativen Ansatz des Mitarbeiters ab. Ein junger Außendienstmitarbeiter, der beispielsweise gerade dabei ist, ein Haus zu bauen oder fertig zu stellen, wird durch materielle Anreize stärker zu motivieren sein, als jemand, der bereits aus der Nestbauphase heraus ist. Hier zeigt sich, dass immaterielle Werte in der Regel wichtiger sind.

Weil Teilzeitarbeit oftmals mit Sinnerfüllung, Zusatzeinkommen, sinnvoller Zeitverwendung zu tun hat und es auch Spaß macht, soziale Kontakte am Arbeitsplatz zu knüpfen, kann diese Form von Aufgabenerfüllung ein hohes Maß an Motivation bringen. Das Imagedefizit der Teilzeitarbeit, verbunden mit geringem Status und Ansehen, könnte durch eine effiziente Werbekampagne repariert werden.

Subjektive Erfolgswahrscheinlichkeit

Hier geht es um die Einschätzung des Einzelnen, inwieweit er die jeweilige Aufgabe erfolgreich bewältigen kann oder voraussichtlich Misserfolg haben wird.

Es würde den Rahmen dieser Ausführungen sprengen, hier im Detail auf die Motivdisposition des Erfolgssuchers und Misserfolgsmeiders einzugehen. Komprimiert kann jedoch gesagt werden, dass es in der Leistungsmotivationstheorie von Atkinson zwei Menschentypen gibt, die in ihrer Motivstruktur unterschiedlich geprägt sind und daher auch unterschiedliche Leistungen erbringen, insbesondere dann, wenn sie differente Schwierigkeitsgrade der Aufgaben zu bewältigen haben. So erbringt der Erfolgssucher mit Abstand die höchste Arbeitsleistung, wenn er eine mittelschwere Aufgabe zu bewältigen hat. Der Misserfolgsmeider bringt die höchste Leistung entweder bei einer sehr einfachen Aufgabe oder bei einer sehr schwierigen.

Die Erklärung dazu liefert die Attribuierungstheorie. Ein Erfolgssucher sieht die größte subjektive Erfolgswahrscheinlichkeit, eine Aufgabe gut zu bewältigen, wenn er mittelschwere Aufgaben erfüllen kann. Ein Misserfolgsmeider sucht eine sehr einfache Aufgabe, da hier die Wahrscheinlichkeit sehr groß ist, dass diese erfolgreich bewältigt werden kann. Alternativ dazu bringt er eine hohe Leistungsmotivation auch bei sehr schwierigen Aufgaben. Falls sich hier ein Misserfolg einstellen würde, dann schreibt er das negative Ergebnis dem Schwierigkeitsgrad der Aufgabe zu und nicht seiner eigenen Person.

Die nachfolgende Skizze soll den Zusammenhang der Leistungsmotivationstheorie nach Atkinson veranschaulichen.

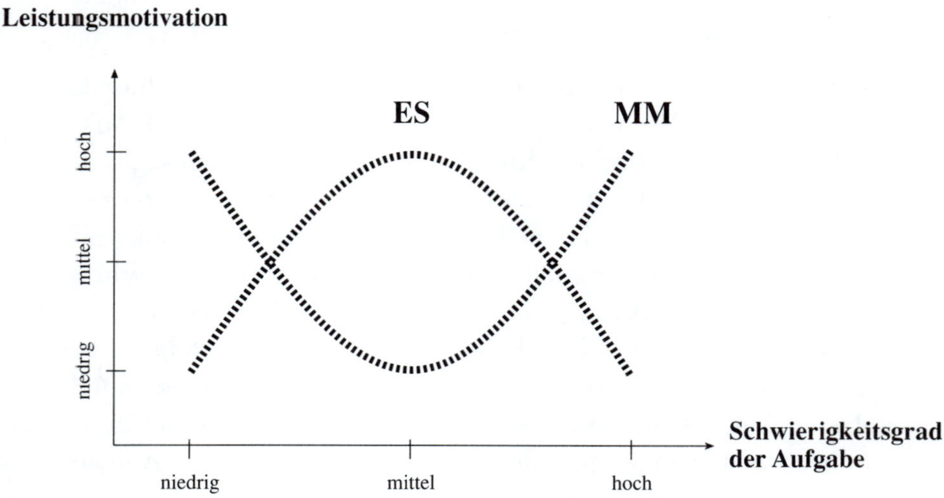

Betrachtet man die beiden Parameter Anreizpotenzial und subjektive Erfolgswahrscheinlichkeit unter dem Aspekt Teilzeitarbeit, dann kann diese Arbeitsform sowohl für den Erfolgssucher als auch für den Misserfolgsmeider eine Aufgabenbereicherung darstellen, vorausgesetzt, die Art der Aufgabe passt zur jeweiligen Motivstruktur des einzelnen Menschen.

Aufgrund der zunehmenden Bedeutung von Teilzeitarbeit wird möglicherweise die Leistungsmotivation in diesem Zusammenhang ein interessantes Betätigungsfeld für die Wissenschaft werden.

Die Bevölkerungsentwicklung in Europa im internationalen Vergleich

Sieht man sich die Entwicklung der Weltbevölkerung bis 1996 inklusive einer Projektion für das Jahr 2025 an, so zeigt sich, dass Europa inklusive der osteuropäischen Staaten und Russland die einzige Region weltweit ist, die eine rückläufige Bevölkerung verzeichnen wird. Hatte Europa 1996 eine Bevölkerung von 727,7 Mio. Menschen, so werden im Jahr 2025 nur mehr 718,2 Mio. hier leben. Im Vergleich dazu wird die Bevölkerung Nordamerikas von 295,7 Mio. auf 369,6 Mio., Mittel- und Südamerikas von 490,4 auf 709,8 Mio. und Asiens von 3,513 Mrd. auf 4,960 Mrd. anwachsen.

Diese soziodemographische Entwicklung ist insofern von hoher Bedeutung, da in den nächsten Jahrzehnten in Europa kein natürliches Wachstum durch eine steigende Bevölkerungsanzahl abgeleitet werden kann. Oder marketingtechnisch ausgedrückt, Europa ist weltweit der einzige rückläufige Markt aus der Sicht der Bevölkerungsentwicklung.

Multinationale Konzerne haben bereits auf diese Entwicklung reagiert. So werden in der Regel die Marketingbudgets für Europa eingefroren oder reduziert, die Marketingetats aber für die asiatischen oder nordamerikanischen Märkte stark erhöht. Insgesamt ist damit zu rechnen, dass die Weltwirtschaft bis zum Jahr 2005 ein positives Wachstum haben wird. Das Wachstum in den anderen Wirtschaftsräumen wird jedoch in der Regel deutlich höher ausfallen als in Europa.

Weltweite Bevölkerungsentwicklung 1996 und Projektion für 2025

	Bevölkerung 1996 in Mio.	Projektion für 2025 in Mio.	
Afrika	748,1	1.495,8	boomend
Asien	3.513,2	4.960,0	boomend
Europa	727,7	718,2	rückläufig
Mittel- und Südamerika	490,4	709,8	boomend
Nordamerika	295,7	369,6	wachsend
Ozeanien	29,0	41,0	wachsend
Welt	5.804,1	8.294,3	boomend
entwickelte Länder	1.170,7	1.238,4	wachsend
weniger entwickelte Länder	4.633,4	7.055,9	boomend

Hinzu kommt, dass Europa im Vergleich zu Asien und zur NAFTA die mit Abstand älteste Bevölkerung in den nächsten Jahrzehnten haben wird. Die jüngste Bevölkerung findet sich im asiatischen Raum.

Tatsache ist, dass es einen kausalen Zusammenhang zwischen Innovationsbereitschaft und Alter einer Volkswirtschaft gibt. Je geringer das Durchschnittsalter eines Staates oder Wirtschaftsraumes ist, umso größer die Innovationsbereitschaft. Je älter die Menschen sind, umso stärker der Widerstand gegenüber vielen Neuerungen. Will Europa seinen hohen Lebensstandard halten bzw. ausbauen, muss es verstärkt auf Innovationen setzen, die Exportquote kontinuierlich steigern und sich auf Märkte mit Zukunft konzentrieren. Nur so wird es möglich sein, die enormen Aufwendungen für Altersversorgung, Gesundheitswesen, Arbeitslosigkeit und Reparatur von ökologischen Schäden zu finanzieren. Im Gesundheitswesen und in der Altersversorgung wird die öffentliche Hand nur mehr ein Basisnetz finanzieren können. Privatleistungen werden verstärkt notwendig sein, um den lieb gewordenen Lebensstandard auch im Alter aufrecht erhalten zu können.

Wie stark die Wachstumsverschiebungen zwischen den Wirtschaftsräumen tatsächlich sind, zeigt unter anderem ein Vergleich der 30 größten Städte weltweit im Jahr 1950 mit einer Projektion für 2015. Zählten 1950 noch acht europäische Städte zu den größten Metropolen der Welt, werden es im Jahr 2015 nur mehr zwei, nämlich Istanbul und Paris, sein.

Die 30 größten Städte der Welt 1950

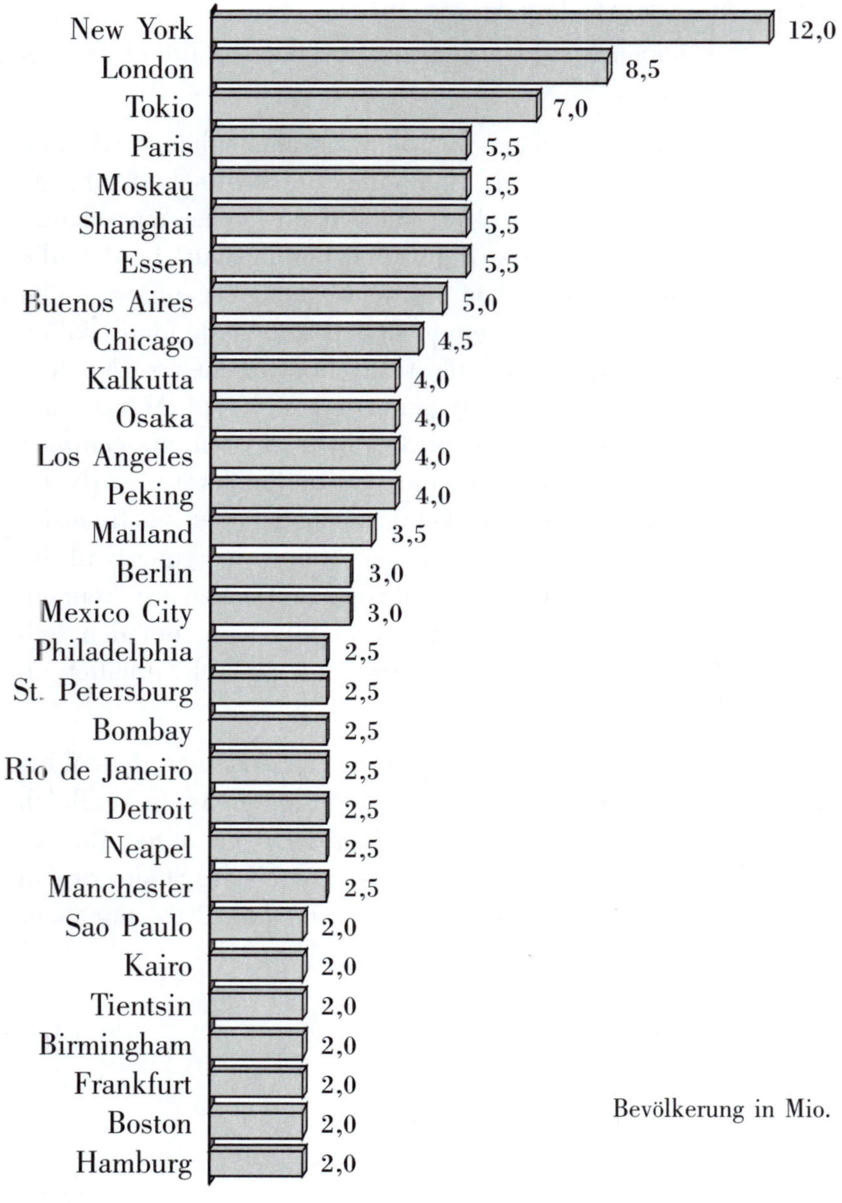

Die 30 größten Städte der Welt 2015

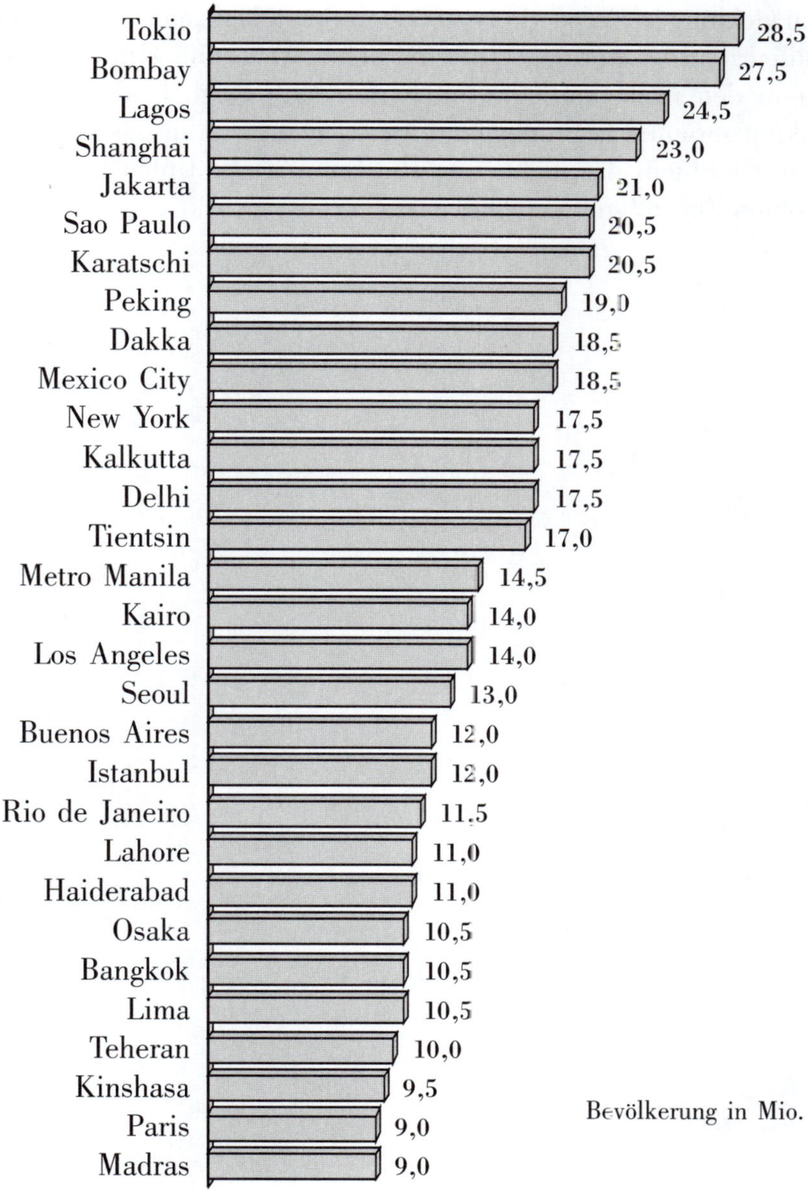

Zusammengefasst ist festzustellen, dass die soziodemographische Entwicklung in Europa in bestimmten Bereichen signifikant rückläufige Tendenzen zeigt. Wirtschaftliches Wachstum wird in Europa in den nächsten Jahrzehnten nur dann möglich sein, wenn zukunftsorientierte Strategien definiert und rasch umgesetzt werden. Geschieht das nicht, wird die Europäische Union vor ihrer größten Zerreißprobe stehen.

Markturknallereignisse

So wie es in der Technik ein verbleibendes Restrisiko gibt, sind einzelne Ereignisse in der Wirtschaft, Gesellschaft, Politik und Umwelt nicht vorhersehbar. Solche Fälle werden als Markturknallereignisse bezeichnet. Beispiele dafür sind die BSE-Krise, ein Super-GAU in einem Atomkraftwerk, Bombenanschläge in Urlaubsdestinationen, die kurz davor noch Top-Urlaubsziele für viele Touristen waren und so innerhalb kurzer Zeit unbuchbar wurden.

Markturknallereignisse können aber auch positiv sein, wie zum Beispiel die Entwicklung eines Medikaments zur Heilung von Krebs. Viel versprechende Ansätze dazu bringt die Gentechnologie. Würde die Medizin solch einen Fortschritt schaffen, wäre die unabdingbare Konsequenz, dass die Lebenserwartung im Durchschnitt zusätzlich steigen würde.

Dass solche Markturknallereignisse, die hier nur beispielhaft skizziert werden, die Wirtschaft, Gesellschaft und Politik intensiv beschäftigen werden, ist leicht vorstellbar. Mit Sicherheit wird die relative Häufigkeit von Markturknallereignissen zunehmen. Dadurch, dass die neuen Technologien eine Fülle von Macht in den Händen von nur wenigen Menschen bündeln können, stellen insbesonders negative Markturknallereignisse ein ernst zu nehmendes Bedrohungspotenzial dar. Zur Verhütung werden leistungsfähige Kontrollmechanismen benötigt, beim Auftreten von bedrohlichen Markturknallereignissen Eliteeinheiten, die sehr rasch eine Schadensbegrenzung bewirken können.

Die Sparpakete und die Auswirkungen auf das Konsumklima

Den derzeitigen Sparpaketen in Deutschland und Österreich werden weitere folgen. Über unterschiedliche Wege werden die Einnahmen des Staatshaushaltes, sei es über höhere Steuern oder neue Gebühren, einer weiteren Steigerung zugeführt. 1998 wird voraussichtlich in Deutschland der Mehrwertsteuersatz erhöht. Gleichzeitig wird weiter privatisiert, so wird beispielsweise der rund 70%ige Anteil des Staates an der deutschen Telekom deutlich reduziert. Inwieweit die geplante Steuerreform mehr positive Effekte erzielen wird als die neuen Belastungen an bremsender Wirkung schaffen, bleibt abzuwarten.

Kosmetische Maßnahmen wie die neue und höhere Bewertung von Reserven werden ebenso angewandt, wie laufende Änderungen in den statistischen Basisdaten, die eine Vergleichbarkeit der neuen Werte mit den vergangenen schwierig oder überhaupt unmöglich machen. Dass es effektive Probleme mit der Primärstatistik gibt, zeigt das Faktum, dass beispielsweise im April 1997 noch keine Schätzung der volkswirtschaftlichen Gesamtrechnung für 1996 von Österreich vorlag. Die Umstellung der amtlichen volkswirtschaftlichen Gesamtrechnung auf gesamteuropäische Konzepte ist laut Wifo im Gang, wird aber in der Umstellungsphase Vergleiche schwieriger machen und die Transparenz zeitweise verdunkeln. Die Staatsfinanzen werden sowohl in Deutschland als auch in Österreich durch die zunehmende Arbeitslosigkeit kurzfristig strapaziert.

In Österreich wird verstärkt versucht, über neue Gebühren die Defizite des Staatshaushaltes abzufedern. Die Einführung der Autobahnvignette oder das geplante Road Pricing sind nur zwei

Beispiele dafür. Wenn man bedenkt, dass für das Road Pricing in Österreich eine Infrastruktur mit einem Investitionsvolumen von rund 8 Mrd. ÖS notwendig wäre, jährliche Betriebskosten von weiteren 2 Mrd. ÖS anfallen würden und laut Berechnungen der Wirtschaftskammer der öffentliche Haushalt damit jährliche Nettoeinnahmen von nur rund 800 Mio. ÖS erwirtschaften würde, dann zeigt dies, welch prekäre Wege derzeit die öffentliche Hand sucht, um zu neuen Einnahmen zu kommen. Dass diese Pläne, falls sie verwirklicht werden, kontraproduktive Auswirkungen auf die Wirtschaft haben werden, ist leicht nachvollziehbar. Würden diese Energie, Zeit und Geldmittel in Märkte mit Zukunft investiert werden, gäbe es sehr wertvolle Perspektiven.

Wie Ernst Ulrich von Weizsäcker ausführte, gibt es in Deutschland 1997 zwei dominante Themen, die die Politik beschäftigen: die Arbeitslosigkeit und die Staatsfinanzen. Der Blick nach vorne mit zukunftsorientierten und richtungweisenden Strategien zeigt große Defizite.

Die bestehenden und die neuen Sparpakete werden in Deutschland wie auch in Österreich zu einem weiteren realen Netto-Masseneinkommensverlust bis zum Jahr 2000 führen. 1996 wurde in Österreich im Vergleich zu 1995 ein reales Netto-Masseneinkommensminus von 1 % verzeichnet. Ähnliche Werte liegen aus Deutschland vor. Bedenkt man, dass die zukünftigen Lohnrunden mit hoher Wahrscheinlichkeit moderat ausfallen werden, da ansonsten die Wettbewerbsfähigkeit des Industriestandortes Deutschland aber auch Österreich zusätzlich beeinträchtigt werden würde, und setzt man die weiteren geplanten fiskalen Maßnahmen ins Kalkül, so ist es wahrscheinlich, dass die Konsumenten einen weiteren Einkommensverlust, im besten Fall aber stagnierende Einkommen bis 1999, in Kauf nehmen müssen.

Ein für die Wirtschaft wichtiger Aspekt ist, dass die Konsumenten in Zeiten von Sparpaketen sehr genau auf Nebenkosten achten. Diese Entwicklung bekommen Bereiche wie der Tourismus oder die Cities deutlich zu spüren. Im Tourismus werden verstärkt Clubangebote und sogenannte All-inklusive-Pakete gesucht, die die Nebenkosten im Urlaub planbar und überschaubar machen. Im Bereich der Cities stellen die Parkgebühren Nebenkosten dar, die eine starke Filter- also Negativwirkung auf die Konsumenten haben und den Trend zur Peripherie mitverstärken.

Wie wichtig der private Konsum für die Konjunktur ist, zeigt das Faktum, dass 55 % des Bruttoinlandsproduktes in Deutschland wie auch in Österreich davon bestimmt werden. Die Sparpakete, die die Konsumenten treffen, haben daher nicht nur negative Auswirkungen auf das Konsumklima, sondern auch eine nachhaltige Wirkung auf die Konjunkturentwicklung jeder Volkswirtschaft. Hochrechnungen zeigen, dass ein Rückgang des privaten Konsums um nur 1% eine Steigerung der öffentlichen und privaten Investitionen von 14% notwendig machen würde, um den 1%igen Rückgang auszugleichen.

Zwei Bereiche sind im Wesentlichen beim Konsumklima zu unterscheiden: die faktischen Einnahmen, die die Privaten haben, und die psychologische Stimmung oder der sogenannte Feel-good-Faktor.

Bei den faktischen Einnahmen der Privaten zeigt sich, dass das Einkommen aus der unselbstständigen Arbeit tendenziell an Bedeutung verliert. Die viel zitierte Generation der Erben wird allein in Deutschland im Jahr 2000 ein additives Einkommen von rund 130 Mrd. DM aus diesem Titel haben. Eine andere wesentliche Einnahmequelle werden Ausschüttungen aus Erlebensversicherungen sein, die im Jahr 2000 in Deutschland rund 95 Mrd. DM betragen werden. Diese neuen Einkommensquellen werden auch notwendig sein, um die Verluste der realen Netto-Masseneinkommen zu kompensieren. Abzuwarten ist, inwieweit es trotz Sparpakete gelingen wird, ein positives Investitions- und Konsumklima zu schaffen.

Außer Zweifel steht, dass Deutschland und Österreich zu den reichsten Staaten der Welt zählen und somit den zukünftigen Herausforderungen mit kühlem Kopf und ohne Nervosität begegnen können. Nachfolgend eine Auflistung der zehn reichsten Staaten weltweit, gemessen am Bruttosozialprodukt je Einwohner.

Die 10 reichsten Staaten weltweit

	Bruttosozialprodukt je Einwohner in US-$ 1994	Bruttosozialprodukt je Einwohner in US-$ 1993	Ø jährl. Veränderung 1985–1994
1. Luxemburg	39.850	37.100	+1,3 %
2. Schweiz	37.180	35.750	+0,5 %
3. Japan	34.630	31.360	+3,2 %
4. Dänemark	28.110	26.580	+1,3 %
5. Norwegen	26.480	25.960	+1,4 %
6. USA	25.860	24.780	+1,3 %
7. Deutschland	25.580	23.980	+1,9 %
8. Österreich	24.950	23.500	+2,3 %
9. Island	24.590	24.900	+0,3 %
10. Schweden	23.630	24.740	+0,.. %

Ohne Kleinstaaten laut Weltbank

Ein substanzielles Thema für die Zukunft wird sein, inwieweit der vorhandene Reichtum genützt wird, zukunftsorientierte Strategien auszuarbeiten und zu finanzieren, damit Märkte mit Zukunft aufgebaut werden können.

Zehn entscheidende Zukunftsfragen

1. Wie kann die zu hohe Arbeitslosenrate in der Europäischen Union abgebaut werden?
2. Wie kann den explodierenden Erdölpreisen in den Jahren 2002 bis 2005 systematisch und erfolgreich entgegengewirkt werden?
3. Welche Visionen werden der Jugend in Europa gegeben, um eine neue Aufbruchstimmung zu schaffen?
4. Wie ist der fortschreitenden Polarisierung in der Gesellschaft erfolgreich entgegenzusteuern?
5. Mit welchen Inhalten und Methoden kann die geringe Glaubwürdigkeit und Identifikationsausstrahlung der Politik wieder gesteigert werden, um so eine substanzielle Gefährdung der Demokratie präventiv zu verhindern?
6. Wie kann dem immer größer werdenden Wertevakuum, dem wachsenden Sektenzulauf, dem Besorgnis erregenden Drogenkonsum erfolgreich entgegengewirkt werden?
7. Mit welchen Strategien und Maßnahmen können die wachsenden ökologischen Herausforderungen bewältigt werden?
8. Wie können der boomende Gesundheitsmarkt und das Pensionssystem weiter finanziert werden?
9. Wie kann der Feel-good-Faktor im privaten Konsum und in der Wirtschaft aufs Neue geschaffen werden?
10. Welche Maßnahmen werden gesetzt, um die gesellschaftspolitischen, ökologischen und wirtschaftlichen Herausforderungen aktiv zu meistern, sodass zumindest nach der Jahrtausendwende ein positives Wirtschaftsklima in Deutschland und Österreich wieder Fuß fassen wird?

Die derzeitige und nahezu alleinige Konzentration auf die Reparatur der Staatsfinanzen ist für eine erfolgreiche Bewältigung der zukünftigen Herausforderungen mit Sicherheit zu wenig. Eine Diskussion über Visionen und zukunftsorientierte Strategien scheint es 1997 in der Europäischen Union kaum mehr zu geben.

Würde sich ein Unternehmen vorwiegend auf die Finanzierung und auf das Personalmanagement konzentrieren, jedoch das Marketing und den Verkauf stark in den Hintergrund stellen bzw. überhaupt vernachlässigen, ist eine schwere Krise, die bis zum Zusammenbruch führen kann, unvermeidlich. Beschleunigt wird solch eine negative Entwicklung zusätzlich durch das Fehlen von zukunftsorientierten Unternehmensstrategien.

Betrachtet man derzeit die Diskussionen und Maßnahmen, die die EU-Politik prägen, dann krankt das Unternehmen Europa an fehlenden zukunftsorientierten Strategien, schwachem Marketing und schlechtem Verkauf. Die Europäische Union verkauft sich in der Tat schlecht, denn immer weniger Europäer verstehen dieses Europa.

„Märkte mit Zukunft“ aus der Serie „Die Zukunft fest im Griff“ versucht, relevante Trends und Entwicklungen aufzuzeigen und einzelne Lösungsansätze zu skizzieren, um so den Blick auf das Wesentliche zu schärfen und eine Diskussion über wichtige Zukunftsthemen zu fördern. Gelingt es nicht, die vorangegangenen zehn entscheidenden Zukunftsfragen positiv zu beantworten und zumindest 50 % der skizzierten Aufgaben nachhaltig zu lösen, werden die Kritikerstimmen, die bereits heute von einem Auslaufmodell EU sprechen, immer lauter werden und auch mehr Akzeptanz finden.

Wichtig wird es sein, dass sich die Europäische Union vom negativ behafteten Thema zum Positivthema wandelt, um so die Zuversicht der Wirtschaft und im Besonderen die der Konsumenten zu stärken. Eine Werbekampagne allein wird dafür zu wenig sein, zukunfsorientierte Strategien mit Leuchtkraft und hoher Erfolgswahrscheinlichkeit sind dafür unerlässlich.

Weiterführende und spezielle Trends aus Handel, Industrie und dem Dienstleistungsbereich

Im Buch „Die Zukunft fest im Griff“ wurden Trends, die unser Leben und die Wirtschaft verändern, sehr ausführlich beschrieben und durch eine einzigartige Systematik leicht überschaubar gemacht. Die sogenannten 6 T’s aus der Trendanalytik behandeln die Trends im Kundenverhalten, Gesellschafts-Trends, Ökologie-Trends, Techno-Trends, Internationale Trends und Marketing-Trends. Nachdem diese Trendanalysen weiterhin inhaltlich gültig sind, finden Sie umseitig die 6 T’s im Überblick.

Die nachfolgenden Ausführungen konzentrieren sich auf weiterführende und spezielle Trends, die insbesondere in den Bereichen Handel, Industrie und Dienstleistung von hoher Bedeutung sein werden. Neue Trends im Kundenverhalten fließen in die einzelnen Kapitel zusätzlich ein.

Den Anfang bilden die zehn weiterführenden und speziellen Trends aus dem Handel.

Die 6 T's aus der Trendanalyse

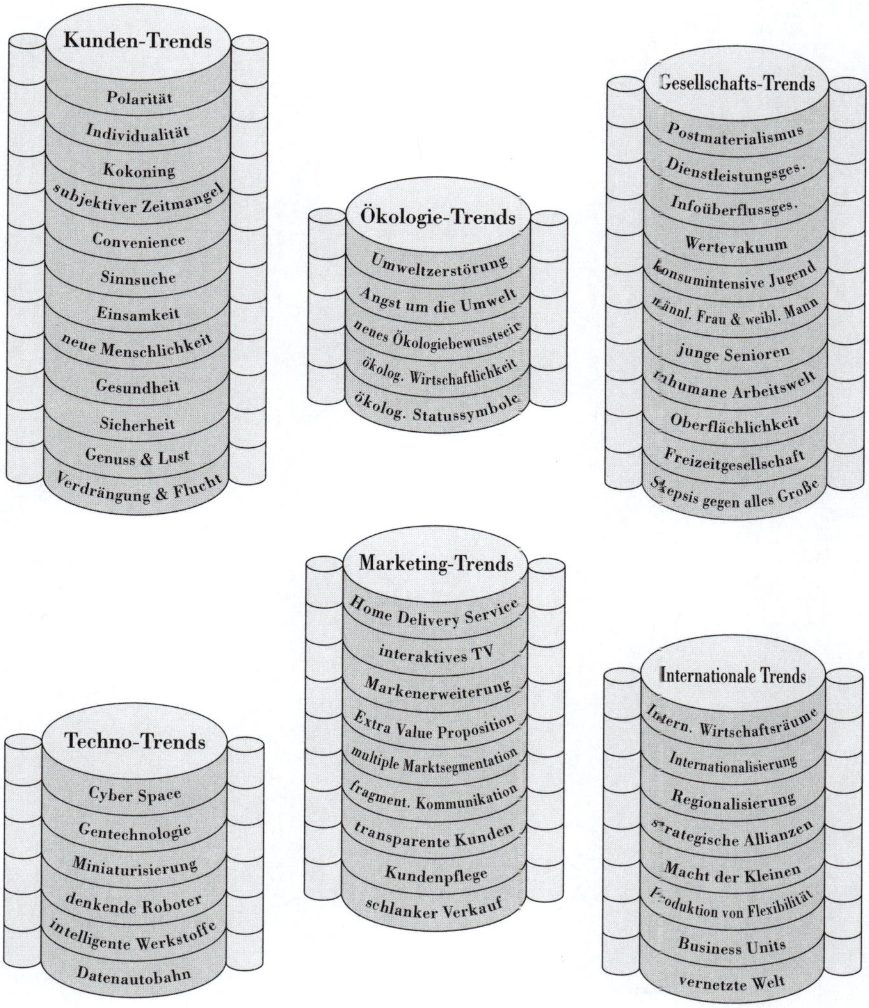

Ausgewählte und spezielle Trends aus dem Handel

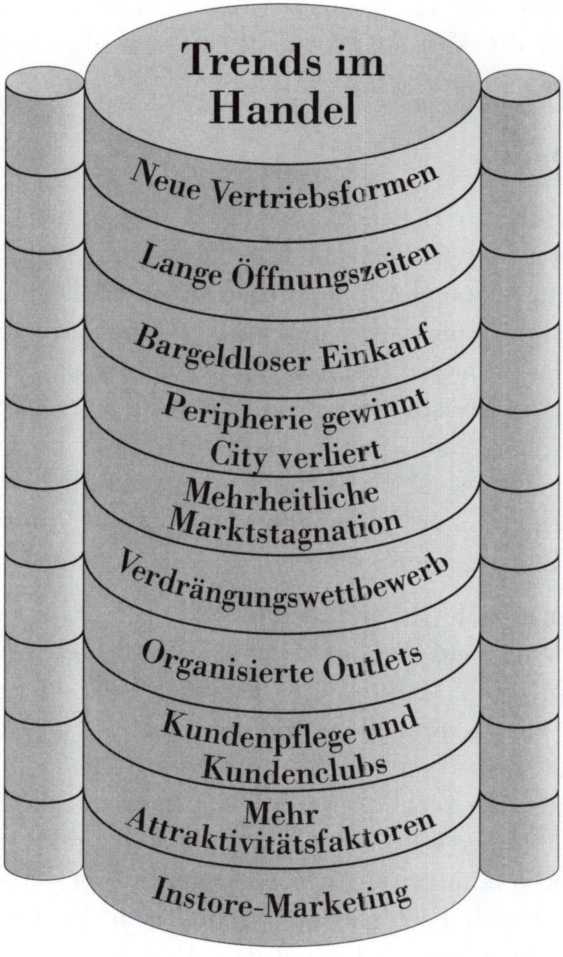

Der Trend zu neuen Vertriebsformen

Der stationäre Handel, also die klassischen Märkte mit unterschiedlich großen Verkaufsflächen und Standortqualitäten, wird durch neue Vertriebsformen nachhaltig konkurrenziert. Marktanteilsverluste im klassischen Handel sind vorprogrammiert. Nachfolgend die Vertriebstypen, die zu den Marktanteilsgewinnern zählen werden.

Factory Outlets

Nach dem Muster der USA entstehen derzeit in Deutschland attraktive Factory Outlets als Einkaufszentren. Ähnlich wie in den hinläufig bekannten Shopping Cities wird bei Factory Outlets ein Branchenmix aus unterschiedlichen Herstellerfirmen gemacht. Die Endverbraucher sind von dieser Vertriebsform begeistert. Die Preisdifferenz zum klassischen Einzelfachhandel liegt im Durchschnitt bei minus 30%. 1996 erwirtschafteten die Factory Outlets in den USA mehr als 22 Mrd. DM Umsatz. Das entspricht einer Verdoppelung der Erlöse innerhalb von 5 Jahren, Tendenz weiter steigend.

Auch internationale Hersteller-Topmarken wie Nike und Reebok setzen verstärkt auf Factory Outlets. Die Ergebnisse, die die Industrie in ihren Märkten erwirtschaftet, sind in Summe sehr erfreulich. Die ursprüngliche Hoffnung, dass die Industrie die Instrumente des Handelsmarketing nicht oder zu wenig beherrscht, hat sich zerschlagen. Fragt man nach den Beweggründen der Industrie, warum sie ihre Produkte direkt an die Endverbraucher verkauft, werden drei Argumente besonders herausgestrichen. Durch Factory Outlets kann sich die Industrie dem Konzentrationsprozess und damit dem Margendruck des Handels entziehen. Die Kunden nehmen diese neue Vertriebsform an. Der Handel ist aus der Sicht der Industrie in der Marktbearbeitung und -ausschöpfung oft zu träge. Neue Rahmenbedingungen und Instrumente, die vorwiegend das Kommunikations- und Informationszeitalter mit sich bringen, begünstigen die neuen Vertriebsstrategien der Industrie.

Home Delivery Service

Bis zum Jahr 2005 werden rund 15% der Einzelhandelsumsätze über Hauszustellung erwirtschaftet. Neben dem Trend zu mehr Convenience und dem Trend zum subjektiven Zeitmangel der Konsumenten, werden zwei weitere Verstärker eine wesentliche Rolle spielen, warum das Home Delivery Service insbesondere nach der Jahrtausendwende signifikant wachsen wird. Ab diesem Zeitpunkt werden immer mehr ökologisch orientierte Zustellsysteme am Markt aktiv sein. Die neue Kraftfahrzeugtechnik macht dies möglich. Bereits im Herbst 1997 wird Audi den A4-Avant mit Hybridmotor anbieten, der eine Reichweite von 50 km hat. Erst dann ist es notwendig, auf den sparsamen TDI-Motor umzuschalten. Über Nacht kann dieses Hybridauto bei einer 220-Volt-Steckdose aufgeladen werden, sodass es am nächsten Tag als elektrobetriebener Zustelldienst wieder einsatzbereit ist. Es ist leicht vorstellbar, dass diese Art von Dienstleistung durch die aktive Schonung unserer Umwelt für spezielle Zielgruppen sehr attraktiv ist. Voraussetzung dafür ist, dass dieser ökologische Vorteil intensiv beworben wird, wobei insbesondere die Mundpropaganda zu Beginn beachtliche Effekte erzielen wird. Denkt man an die Jahrtausendwende, dann werden Zustelldienste auch mit wasserstoffbetriebenen Autos im Einsatz sein oder mit Fahrzeugen, die mit Hilfe von Brennstoffzellen betrieben werden. Erste

Vans mit den ökologisch sauberen Antriebsformen werden kommen, womit dann auch voluminösere Produkte problemlos zugestellt werden können.

Stellt man sich diese Entwicklung in groben Zügen vor, dann ist die jüngste Schätzung von Nielsen, die davon ausgeht, dass bis zum Jahr 2005 10% des Lebensmittelumsatzes über Home Delivery Service erwirtschaftet werden, mit Sicherheit realistisch, wenn nicht zu vorsichtig. Dieser milliardenschwere Markt wird dem stationären Handel weggenommen.

Eine Schlüsselfunktion bei allen Zustelldiensten wird die Kommunikation zwischen dem potenziellen Kunden und dem Zusteller haben. Die Aufträge werden in Zukunft hauptsächlich per Telefon, Fax oder auch online bzw. via Internet gegeben. Einen zusätzlichen Auftrieb erhält die Hauszustellung aus dem psychologischen Kaufverhalten der Kunden, denn diese Form von Dienstleistung wird in den nächsten Jahren zu einem Statussymbol avancieren. Gemäß dem Trend zum Postmaterialismus wird man Luxus primär durch Dienstleistungen deklarieren und nur in zweiter Linie über Produkte. Hinzu kommt, dass die soziodemographische Entwicklung mit immer mehr älteren Menschen das Home Delivery Service zusätzlich forcieren wird.

Autokauf via Internet

In den USA erwartet das Top-Management von Chrysler, dass im Jahr 2000 25% aller Pkws via Internet verkauft werden. Derzeit sind es bei Chrysler 1 bis 2%. Für Europa scheint ein Anteil von 2 bis 5% im Jahr 2005 grundsätzlich denkbar. Der Euro wird diese Vertriebsform indirekt stimulieren, da die Angebote der einzelnen Händler leichter vergleichbar werden. Dass der Vertrieb über solch neue Medien andere Gesetzmäßigkeiten in der Distribution auslösen wird, ist leicht vorstellbar. Der Gebietsschutz, den ein Händler in der Vergangenheit hatte, fällt. Der Konkurrenzkampf zwischen den Händlern wird zunehmen. Auch die Konzentration im Autohandel wird wachsen.

Ein Ausweg aus dieser Entwicklung sind Leistungen und Produkte, die relativ schwer vergleichbar sind. Der Extra Value Proposition, kurz EVP genannt, fordert, dass der Produktverkauf verstärkt mit Dienstleistungen gekoppelt werden muss, um so zu einer höheren Wertschöpfung und Eigenständigkeit zu kommen. Der EVP wird eine Renaissance erleben. Ein multifunktionales Dienstleistungspaket birgt nicht nur beim Autokauf eine Differenzierungschance in sich.

Leistungsfähige Preisagenturen

Der Euro bringt es mit sich, dass die Preise beim Produktkauf transparenter und leichter vergleichbar sind. Preisagenturen werden bei allen Produkten, die einfach zu vergleichen sind, so genannte „Cash-Vorteile“ bieten können. Gegen eine Erfolgsprovision wird dem Kunden der günstigste Preis ermittelt. Wenn es der Kunde will, veranlasst die Preisagentur auch die Abwicklung des Kaufvertrages und die Zustellung. Dieses Modell ist nicht nur auf einzelne Produkte anzuwenden, sondern auch auf ganze Warenkörbe, je nach Kundenwunsch. Keinen Markt werden hingegen Preisagenturen bei EVP-designten Produkten vorfinden.

Diskonter der neuen Generation

Der Trend zur neuen Armut in Europa forciert das Wachstum der Diskonter in allen Branchen. Je nach Konjunkturentwicklung sind 15 bis 25% der Konsumenten preisdominante Käufer. Je schwächer die Konjunktur umso höher dieser Anteil. Die signifikante Mehrheit der Konsumenten, nämlich 75 bis 85%, wird den klassischen Diskonter wenig oder kaum nutzen. Sehr wohl ist jedoch zu beobachten, dass die Diskonter ein konsequentes Up-Trading forcieren. Die Art der Baulichkeit wird gefälliger, der Sortimentsmix gewinnt an Attraktivität, der Ladenbau wird freundlicher, auch die Werbung fettet das magere Image der Diskonter kontinuierlich auf. In der Tat sind Diskonter der neuen Generation entstanden, die immer leistungsfähiger und damit auch salonfähig geworden sind.

Auch die A- und B-Schicht nutzen gezielt den Diskonter als Einkaufsquelle, um zum einen dem Trend zur selektiven Bescheidenheit zu entsprechen und zum anderen das Schnäppchenkaufbedürfnis zu befriedigen.

Der Trendsetter, die Lebensmittelbranche, zeigt, dass die Diskonter eine konsequente Sortiment-Markt-Erweiterungsstrategie fahren. Der Non-Food-Sortimentsanteil wächst kontinuierlich, gleichzeitig wird der Anteil von Fachmarktprodukten sukzessive ausgebaut.

Mit Sicherheit werden in Zeiten der Sparpakete neue Bereiche mit Diskontern konfrontiert, die heute noch im Marketing-Tiefschlaf liegen. So ist es nur eine Frage der Zeit und der gesetzlichen Regelungen, wann beispielsweise Diskonter-Apotheken entstehen werden. Der Versandhandel mit preisgünstigen Reformprodukten wird den Wachstumsmarkt Gesundheit verändern. Als Antwort auf die Diskonteroffensive werden die Markenartikler ihr Preis-Leistungs-Verhältnis aggressiver auslegen und neue Attraktivitätsfaktoren anzudocken versuchen.

Die Konsequenz ist eine weitere Ausdünnung des Middle-of-the-Road-Angebotes. Dass Diskonterangebote auch geschützte

Dienstleistungsbereiche wie die Medizin in Unruhe bringen, zeigen Informationssplitter aus den jüngsten Nachrichtenmeldungen. In unterschiedlichen Intervallen warnen beispielsweise Ärzte vor Billigangeboten bei Zahnprothesen, insbesondere aus dem Osten. Die Ärztekammer verweist auf die Gefahren bei billigen und qualitativ nicht hoch stehenden Operationen im Augenbereich, die fallweise in Ungarn und Tschechien an den Patienten ausgeführt werden.

Der Fachhandel versucht, den Diskonter durch eine konzentrierte EVP-Strategie zu bekämpfen. Im Zentrum dieser Maßnahmen steht ein Bündel von Attraktivitätsfaktoren, die eine Differenzierung zulassen und insbesondere die Kundenfrequenz sowie die Kundenzufriedenheit erhöhen sollen. Handelsmarken spielen dabei eine bedeutende Rolle, da dadurch eine Vergleichbarkeit nicht möglich ist.

Teleshopping

Teleshopping ist in den USA eine nicht mehr wegzudenkende Vertriebsform. Die beiden wichtigsten Sender sind QVC, Quality Value Channel, und HSN, Home Shopping Network. Mehr als 100 Mio. US-Haushalte werden von diesen beiden Kanälen erreicht. Rund 4 Mrd. DM wurden 1995 umgesetzt. In Deutschland kennen 77% der Konsumenten den Begriff Teleshopping, 10% haben bisher zumindest einmal gekauft. Der in Österreich 1996 in Betrieb gegangene Teleshopping-Sender H.O.T. möchte 1997 einen Umsatz von 70 bis 90 Mio. ÖS erreichen. Rund 50.000 Österreicher sollen primär im Raum Wien mit der neuen Vertriebsform umworben werden. Die Professionalität vieler europäischer Home-Shopping-Sender lässt jedoch derzeit noch zu wünschen übrig. Ebenso auch die technische Reichweite, die große Distributionsflecken aufweist. In Zukunft ist aber damit zu rechnen, dass diese Defizite rasch behoben werden und das Teleshopping ähnlich wie in den USA einen stark wachsenden Markt darstellen wird.

Convenience Stores

Diese neue Vertriebsform schafft bei den Kunden insofern ein hohes Interesse, da die Konsumenten immer bequemer werden und verstärkt Komfort, also Convenience, suchen. Dieser kann durch unterschiedliche Faktoren erzielt werden, wobei ein Mix daraus die stärkste Wirkung zeigt.

Folgende Convenience-Ebenen haben zukünftig einen hohen Stellenwert bei den Kunden:

Ebene 1: Innovative Sortimente bzw. neuer Produkt/Sortiment-Mix

Ebene 2: Die EVP-Strategie, das Andocken von Dienstleistungen an den Produktverkauf

Ebene 3: Schaffung von neuen bzw. zusätzlichen Attraktivitätsfaktoren

Ebene 4: Trendorientierte Ausgestaltung der bestehenden Angebotsform

Ebene 5: Zukunftsorientiertes Marketing

Ebene 6: Zielgruppenorientierter Leistungsmix mit spezieller Einkaufsatmosphäre ist jedoch per se nicht mit Erlebniseinkauf gleichzusetzen.

Beispiele für Convenience-Faktoren im Handel sind: kein subjektiv empfundener Zeitdruck beim Einkaufen durch begrenzte Parkdauer, keine Parkgebühren, Geldausgabeautomat in unmittelbarer Nähe vom Outlet, Zustellung der Waren frei Haus, Apotheke im Supermarkt ähnlich wie in den USA, Self Scanning, um Wartezeiten bei der Kassenzone zu minimieren.

Wichtig ist, dass die Convenience Stores die Erwartungshaltung der Kunden erfüllen, die zukünftig immer höher gesteckt werden wird.

Flexible Outlets

Flexibilität kann im Handel sehr vieles bedeuten. Sie wird aber nur dann funktionieren, wenn sie auch der Kunde als attraktiv empfindet. Einen beeindruckenden Turn-around in diesem Bereich haben die Tankstellenshops in den letzten Jahren geschafft. Nicht nur, dass sie im Bereich des Vertriebs von Produkten des alltäglichen Bedarfs in bestimmten Segmenten bereits zur Nummer eins aufgestiegen sind. So haben sie auch eine Trendwende bei wichtigen Imagewerten wie Sauberkeit, Sympathie, attraktiver Leistungsmix u.a.m. geschafft, wofür es kaum vergleichbare Beispiele gibt. Das Image des schmutzigen Schmiermittel- und Kraftstoffgeschäftes konnte mit den neuen Shops zur Gänze abgelegt werden. Anstelle davon trat die saubere Einkaufsquelle mit dem 24-Stunden-Service und das sieben Tage in der Woche. Eine Hochpreispolitik bringt den Pächtern bzw. Unternehmern erfreuliche Margen. Rund 40 % der Erträge erwirtschafteten die Tankstellen 1996 in Deutschland und Österreich bereits aus dem Shop-Geschäft. Die Kunden akzeptieren in immer höherem Maße diese Positionierung.

Der Trend zu langen Öffnungszeiten

Die derzeitigen Diskussionen über längere Öffnungszeiten im Handel wirken nicht nur verkrampft, sie sind es auch. Man gewinnt den Eindruck, dass man in den zuständigen Entscheidungsgremien den Trend zu längeren Öffnungszeiten solange wie möglich bremsen möchte. Dabei wird übersehen, dass andere Vertriebsformen, die sieben Tage in der Woche und das rund um die Uhr offen haben, laufend Marktanteile gewinnen, siehe Tankstellenshops. Natürlich ist es verständlich, dass bestimmte Betriebstypen und -größen langen Öffnungszeiten mit einer gewissen Sorge gegenüber stehen. Zumal viele Unternehmer ohnedies nicht selten 80 bis 100 Stunden pro Woche arbeiten.

Faktum ist aber, der Kunde will lange Öffnungszeiten. Europa, insbesondere Deutschland und Österreich, kann sich diesem Trend nicht verschließen. Je länger gebremst wird, umso rascher werden neue Vertriebsformen heranwachsen und dem stationären Handel weiter Marktanteile abnehmen. Der Handel wird am Sonntag seine Geschäfte öffnen müssen, will er erfolgreich sein. Auch das Argument seitens der Kirche, dass Sonntagsarbeit in diesem Bereich abzulehnen sei, ist nicht zu halten. Die Frage, was sozialer sei, Sonntagsarbeit oder Arbeitslosigkeit, beantwortet sich von selbst.

Zu berücksichtigen ist, dass es in der Wirtschaft bereits jetzt schon sehr viele Bereiche gibt, in denen ohnedies sonntags gearbeitet wird. Das Verkehrswesen, Freizeiteinrichtungen und das Gesundheitswesen sind nur drei Beispiele dafür. Die Bremseffekte, die die Gewerkschaft gegenüber längeren Öffnungszeiten immer wieder erzeugt, werden keine Arbeitsplätze schaffen oder schützen, sondern mittelfristig vernichten bzw. umschichten.

Verlängerte Öffnungszeiten von Montag bis Samstag von 9.00 bis 22.00 Uhr werden die Kunden dann in verstärktem Maße in Anspruch nehmen, wenn der Branchenmix von offen haltenden Geschäften funktioniert. Mit Sicherheit werden hier die Einkaufszentren die höchste Attraktivität ausstrahlen. Jedoch auch die City und gut organisierte Einkaufsstraßen sowie Fremdenverkehrsregionen könnten dadurch verstärkt an Attraktivität gewinnen. Die rasche Einführung von verlängerten Öffnungszeiten im Handel könnte das Jahrzehnt der minus 30 % in seiner Wirkung abfedern. Unternehmen, die diese Veränderung als Chance begreifen, haben einen wertvollen Wettbewerbsvorteil.

Der Trend zum bargeldlosen Einkauf

Diese Entwicklung ist in den USA so gut wie abgeschlossen, in Europa beginnt sie derzeit zu greifen. Im Jahr 2005 werden nur mehr wenige Kunden im Geschäft cash zahlen, gleich um welche Branche es sich handelt. Die Kunden wollen zukünftig nicht nur bargeldlos einkaufen, sondern auch ein attraktives Zahlungsziel genießen. Die Frage, die sich jeder Handelsbetrieb stellen muss, heißt: Möchte man sich dem bargeldlosen Einkauf aktiv stellen oder nicht? Wenn ja, dann müssen sehr rasch Instrumente eingeführt werden, die den bargeldlosen Zahlungsverkehr ermöglichen. Die Attraktivität des bargeldlosen Einkaufs hängt direkt mit der Wettbewerbsdichte und dem Marketingausprägungsgrad zusammen. Ein Beispiel dazu: Denken Sie bitte an eine Apotheke, die die bargeldlose Bezahlung bereits heute Kunden ermöglichen würde. Diese Serviceleistung würde in dieser Branche einer Trendsetterfunktion gleichkommen. Hingegen bringt bargeldlose Bezahlung im Reisebüro keine Differenzierungschance, es sei denn, durch ein Kartensystem werden zusätzliche Attraktivitätspakete angedockt.

Eine große Anzahl von Händlern versucht, sich möglichst lange dem Trend zum bargeldlosen Einkauf entgegenzustemmen. Sie lehnen diesbezügliche Instrumente ab und verfallen in das so genannte Affiliationsmotiv, das nichts anderes ist als die laufende Äußerung des Unmutes über technische Entwicklungen, die man nicht braucht und die das Geschäft nur schwierig machen. Nur diese Selbstbetrachtung teilen die Konsumenten mehrheitlich nicht. Daher wird diese Handelslandschaft additiv gefährdet sein. Zumal sich die geringe Innovationsbereitschaft nicht nur auf diesen Bereich beschränken wird, sondern viele andere Bereiche mitberühren wird. Natürlich ist die Innovationsgeschwindigkeit im urbanen Bereich höher als in der ländlichen Region. Wie die vergangenen Entwicklungen jedoch gezeigt haben, werden nachhaltige Trends mit einem gewissen Time lag auch auf den ländlichen Bereich übergreifen.

Der Trend zu Peripheriestandorten

Analysiert man das Kundenverhalten, so zeigt sich, dass die Konsumenten verstärkt leistungsfähige Handelsgeschäfte oder Einkaufszentren an der Peripherie nutzen. Im Gegenzug dazu verlieren die Cities immer mehr an Kaufkraft. Die Einkaufscity von Linz, einer Stadt mit 200.000 Einwohnern in Österreich, verlor 1995 2 Mrd. ÖS Umsatz an die Peripherie.

Die Ursachen für diese Entwicklung sind primär in den neuen Attraktivitätsfaktoren, die Geschäfte und Einkaufszentren an der Peripherie bieten, zu suchen. Gleichzeitig verstehen es die Einkaufscities mehrheitlich nicht, ihre Attraktivität zu steigern. Im Gegenteil, manche Stadtverwaltungen und andere Kräfte scheinen keine Möglichkeit auszulassen, um die Kunden aus den Städten zu vertreiben.

In Zeiten der Sparpakete legen die Kunden ein besonderes Augenmerk auf Nebenkosten. Hier ist zwischen materiellen und immateriellen zu unterscheiden. Materielle Nebenkosten sind Parkgebühren in der Kurzparkzone, Tiefgarage oder auch Strafmandate, die bei einer Überziehung der Parkzeit winken. Immaterielle Nebenkosten sind Zeitdruck, geringer Convenience, fehlende Atmosphäre. Die Einkaufszentren an der Peripherie haben es verstanden, eine Triade zu schaffen, die dem Kunden keine Nebenkosten beschert, einen höheren Convenience bietet und zusätzlich Atmosphäre hat.

Wie groß die Filter- also Negativwirkung der City allein durch Parkgebühren ist, zeigen zwei plakative Beispiele: Eine Frau, die mehrere Stunden hindurch beim Friseur ist, muss sich zumindest eine Tiefgarage suchen, um in der City diese Dienstleistung überhaupt in Anspruch nehmen zu können. Denn die Parkdauer in der Gebührenzone von 90 Minuten reicht dafür nicht aus. Somit fallen allein durch die Parkgarage Nebenkosten von etwa 10 bis 30 DM an. Beispiel zwei ist eine junge Mutter mit Kind, die beim Einkauf in der City unter einem besonderen Zeitstress steht, um die vorgegebene Parkzeit einhalten zu können. Schafft sie es mit Kind und Kegel nicht, winkt ein Strafmandat in der Höhe von 300,– ÖS zuzüglich der Parkgebühr in der Höhe von 15,– ÖS. Zum Teil müssen noch dazu mühsame und abenteuerliche Wegstrecken von Mutter und Kind erfolgreich bewältigt werden, um von einem Citygeschäft in das andere zu gelangen.

Wie wichtig das Parkplatzthema allein beim Einkauf gworden ist, zeigt ein einfacher Vergleich. Würden die Einkaufszentren und Shoppingcities ab sofort die Gratisparkplätze gebührenpflichtig machen und mit einem Zeitlimit versehen, dann würden diese Einkaufsquellen aus der Sicht der Kunden stark an Attraktivität einbüßen. Solang dies nicht geschieht und die Attraktivitätsfaktoren der Peripheriestandorte weiter ausgebaut werden, wird sich der Trend weg von der City hin zur Peripherie ungebrochen fortsetzen.

Der Trend zur mehrheitlichen Marktstagnation im Handel

Der Handel wird in Europa mehrheitlich mit wertmäßig stagnierenden Märkten konfrontiert. Hier nur einige ausgewählte Beispiele dazu. Der Handel im Bereich Bekleidung hat in Deutschland wie auch in Österreich in den letzten Jahren ein rückläufiges Marktvolumen von durchschnittlich 3% zu verzeichnen gehabt. Der Freizeit- und Sportmarkt ist in Europa, obwohl in vielen Segmenten ein mengenmäßiges Wachstum vorliegt, wertmäßig stagnierend. Der Lebensmittelhandel verzeichnete 1996 in Österreich ein reales Umsatzminus von mehr als 1%.

Die Ursachen für die Marktstagnation im Handel sind vielfältig:

- Hohe Konkurrenzdichte, damit verbunden sinkende Verkaufserlöse.
- Die Internationalisierung des Wettbewerbs mit signifikanten Einkaufspreisunterschieden.
- Geringere Kaufkraft bei einem beträchtlichen Teil der Konsumenten.

- Die Auswirkungen der Sparpakete und der fehlende Feel-good-Faktor bei den Endverbrauchern.
- Zuwenig echte Innovationen, die die Konsumnachfrage stimulieren.
- Neue Vertriebsformen, die den angestammten Marktanteile abnehmen.
- Mangelnde Attraktivitätsfaktoren für den convenience-orientierten Konsumenten.
- Stagnierende bzw. rückläufige Bevölkerung in Europa.

Die einzelnen Unternehmen können der Marktstagnation im Handel nur dann ein Schnippchen schlagen, wenn Marktanteile gewonnen werden. Dies verstärkt den nachfolgenden Trend.

Der Trend zum Verdrängungswettbewerb

Der Handel wird durch die skizzierten Trends aufs Neue die Produkt-Markt-Wachstumsmatrix entdecken. Als Erstes wird er durch eine gezielte Marktdurchdringung versuchen, mit seinen bestehenden Sortimenten den Markt intensiver auszuschöpfen, also zu durchdringen. Auf den Punkt gebracht heißt das, dass ein Wachstum in stagnierenden Märkten nur dann möglich ist, wenn ein Handelsunternehmen dem Mitbewerber Marktanteile abknöpft. Die Konsequenz wird sein, dass der Verdrängungswettbewerb in Zukunft weiter an Härte und Geschwindigkeit zulegen wird. Vor allem die organisierten Handelsbetriebe, aber auch beherzte Familienunternehmen werden bei den Marktanteilen zusätzlich punkten können. Je dichter und aggressiver der Wettbewerb wird, umso wichtiger wird es, unternehmerisch denkende und handelnde Mitarbeiter zu haben. Filialen, die nicht straff geführt werden, wo Angestellte mehrheitlich „Dienst nach Vorschrift“ versehen, werden mit hoher Wahrscheinlichkeit zu den Verlierern im Verdrängungswettbewerb zählen.

Eine weitere Folge des Verdrängungswettbewerbs wird die Überlegung nach neuen Sortimenten, die neue Kundenpotenziale erschließen können, sein. Ein klassisches Beispiel dafür in Europa sind Fotoketten, die heute ihr Hauptgeschäft im Bereich der Optik machen. Nimmt man in diesem Zusammenhang Bezug auf die Produkt-Markt-Wachstumsmatrix, so entspricht das der klassischen Produkt-Sortiments-Erweiterungsstrategie.

Eine dritte Alternative stellt die Markterweiterungsstrategie dar. Ähnlich wie die westdeutschen Handelsketten nach der Wiedervereinigung die Expansionsstrategie in den neuen Bundesländern umgesetzt haben oder derzeit die Sparkette den italienischen Markt in ihre Marktexpansionsstrategie verstärkt einbettet, gibt es für jeden Unternehmer die Möglichkeit, unabhängig von seiner Größe ein bestehendes Outlet in anderen Regionen zu multiplizieren. Voraussetzung dafür ist eine überlegte Offensivstrategie in der Marktbearbeitung. Eine Überhitzung des Expansionstempos sollte dabei tunlichst vermieden werden. Über eine anzahlmäßige Erhöhung der Outlets werden zukünftig immer mehr Handelsbetriebe versuchen, der Marktstagnation zu entkommen. Inwieweit Kooperationen in diesem Zusammenhang eine Hilfestellung sind, muss von Fall zu Fall geprüft werden.

Der Trend zu organisierten Outlets

Zum einen werden Handelsketten mit gut geführten Filialen bzw. Franchise-Unternehmen, die mit Markenleuchtkraft die Identität des Outlets dem Konsumenten klar nahe bringen, erfolgreich sein. Interessant ist dabei, dass viele dieser Ketten nach innen sehr straff bzw. sehr autoritär geführt werden, gleichzeitig haben die Kunden aber den Eindruck, dass diese Outlets ein hohes Maß an Freiheit bieten.

Eine zweite viel versprechende Alternative sind freie Einzelunternehmer, die sich einer starken Marke zur Kennzeichnung ihres Handelsbetriebes bedienen. Diese Konstruktion kann dann ihre volle Kraft entfalten, wenn der Unternehmer vor Ort bekannt und aktiv ist. Natürlich müssen die Erfordernisse für eine attraktive Einkaufsquelle erfüllt werden. Spielt der Unternehmer in der Region seinen Marketingheimvorteil aus, dann kann diese Vertriebsalternative den straff geführten Handelsketten durchaus überlegen sein. Zukünftig wird ein erfolgreicher Handelsbetrieb, der nur den Namen des Einzelunternehmers führt, zur Ausnahme zählen. Mit Sicherheit werden viele Bereiche, die derzeit noch einen sehr geringen Grad an organisierten Outlets haben, im nächsten Jahrzehnt eine signifikante Trendwende erleben. In der Lebensmittelbranche gibt es nur mehr sehr wenige Einzelunternehmer, die sich keiner Handels- bzw. Franchisekette angeschlossen haben. In der Gastronomie zeigt sich der Trend zu den organisierten Outlets definitiv. Bekannte Beispiele dafür sind McDonald's, Pizza Hut, Wiener Wald, Burger King, u. a. m. die in der Tat hohe Zuwachsraten verzeichnen, während die nicht organisierten Outlets sukzessive Marktanteile verlieren. Neue Entwicklungen sind dazu auch im Gartenbereich, Do-it-yourself-

oder im Drogerie- und Parfumeriebereich zu beobachten. Auch hier gilt, dass diejenigen Vertriebsformen zukünftig am stärksten unter Druck geraten werden, die sich im Durchschnitt positionieren, ohne starke Markenausstrahlung agieren und somit aus der Sicht der Konsumenten profil- und kantenlos wirken.

Der Trend zur Kundenpflege, zu Kundenkarten und Kundenclubs

Die Angst vorm gläsernen Kunden, nämlich dass ein Handelsbetrieb durch Kartensysteme sehr oder zu viel über die jeweilige Person weiß, wird von den Konsumenten eher verdrängt oder doch nicht so ernst gekommen, wie manche Kritiker immer wieder betonen.

In stagnierenden oder rückläufigen Märkten, wie sie der Handel in den nächsten 10 Jahren verstärkt erleben wird, ist es ungleich teurer, neue Kunden zu werben, als die bestehenden zu pflegen. Instrumente wie Kundenkarten und Kundenclubs werden neu entdeckt bzw. Karten mit Chips bieten Möglichkeiten, die erst am Anfang stehen.

Notwendig dafür ist ein starkes Umdenken, auch im Einsatz der vorhandenen Werbebudgets. Noch heute gehen viele Handelsunternehmen in der Werbung nach dem Gießkannenprinzip vor. Sie streuen Flugblätter und Kataloge in einer immer größeren Menge, die Wirkung hingegen wird oftmals schwächer. Diese Entwicklung bringt die Kommunikationslandschaft stark in Bewegung. Eine individuelle Pflege der Kunden über ein professionelles Direkt Marketing mit einem Paket von attraktiven Vorteilen wird eine richtungweisende Akquisitionsform, wenngleich auch hier den Unternehmen als auch den Kunden eine gewisse Lernkurve und Lernzeit zugebilligt werden muss. In Zukunft werden viele Werbebudgets stärker für bestehende Kunden eingesetzt werden müssen. Erst in zweiter Linie werden die Kommunikationsetats für die Neukundenakquisition eingesetzt.

Ein Problem bei der Pflege von bestehenden Kunden ist wie bei der Panel-Forschung die Sterberate der Kunden. Eine Kundenpflege wird langfristig nur dann erfolgreich sein, wenn parallel dazu ein aktives Jugendmarketing eingesetzt wird. Nahezu für alle Unternehmen insbesondere aber für den Handel, gilt, dass ein fehlendes Jugendmarketing die Existenz einer Firma zumindest langfristig gefährdet. Erfolgreiche Betriebe zeichnen sich dadurch aus, dass sie einen sehr hohen Anteil an jungen Menschen zu ihren Kunden zählen. McDonald's ist ein sehr gutes Beispiel dafür, wie die Jugend diese Vertriebform, die heute so eine starke Magnetwirkung hat, dass auch ältere Zielgruppen diese Angebotsform nutzen, salonfähig gemacht hat.

Im Bereich der Kundenpflege sollten folgende fünf Fragen zweckmäßigerweise gestellt werden:

1. Welche Maßnahmen werden systematisch gesetzt bzw. geplant, um eine optimale Kundenpflege sicherzustellen?

2. Wie hoch sind die Budgets, um bestehende Kunden zu pflegen und Neukunden zu werben?

3. Gibt es Konzepte und Maßnahmen, um die Jugend besonders für Ihr Unternehmen zu gewinnen? Existiert ein Jugendmarketing?

4. Welche Attraktivitätsfaktoren bietet das Unternehmen seinen Kunden?

5. Welche drei Argumente hat der Handelsbetrieb, um bei den Kunden ein unverwechselbares Profil zu zeigen?

Neue Kundenbindungsinstrumente von Treuekarten bis zur Chipkarte werden im Rahmen der Systeme Kundenpflege eingesetzt.

Ein Beispiel zur Kundenpflege im Direkt Marketing: Am 1. Dezember 1995 verschickte Tesco an 6 Mio. Haushalte ein Weihnachtsdankeschön in Form von Einkaufsgutscheinen im Wert von 40 Mio. Pfund. Clubkartenmitglieder, die im Zeitraum vom 16. Oktober bis zum 12. November mehr als 40 Punkte gesammelt haben, bekamen außerdem kostenlos einen 5 kg schweren Truthahn. Insgesamt wurden 1 Mio. Truthähne vergeben. Auch an die Vegetarier wurde gedacht. Sie wurden mit Gutscheinen für Obst und Gemüse erfreut. Tesco erweiterte das Clubkartenangebot auch auf den Kauf von Benzin in den 254 Tesco-Tankstellen, die bereits aufgrund ihrer niedrigen Benzinpreise eine sehr hohe Attraktivität bei den Kunden verzeichnen.

Der Trend zu mehr Attraktivitätsfaktoren – ein wesentlicher Wettbewerbsfaktor für die Zukunft

In den USA werden bis zum Jahr 2000 von den 36.000 bestehenden Einkaufszentren, Stand 1995, etwa 7.000 zusperren. In Zeiten, wo die Shopping Cities in Europa eine Hochblüte erfahren, erscheint diese Entwicklung in den USA auf den ersten Blick irritierend. Die Gründe für das Sterben der Einkaufszentren in den USA sind mangelnde Investitionen in Attraktivitätsfaktoren, damit eng verbunden der Rückgang der Kundenfrequenz sowie der durchschnittlichen Besuchsdauer. Die Praxis zeigt, dass vor mehreren Jahren eine Mall auf die grüne Wiese hingebaut wurde und in weiterer Folge keine Attraktivitätsfaktoren mehr angedockt wurden. Die Einkaufszentren, die immer wieder aufs Neue in Attraktivitätsfaktoren investieren, gewinnen laufend Marktanteile.

Die Lernkurve, die der Handel aus dieser Entwicklung ziehen kann, heißt: eine kontinuierliche Pflege bzw. Neuschaffung von Attraktivitätsfaktoren, die aus Kundensicht relevant sind, müssen eine tragende Rolle im jeweiligen Unternehmenskonzept darstellen. Wobei es ein Irrtum ist, anzunehmen, dass Attraktivitätsfaktoren immer teuer sein müssen bzw. mit einem hohen Investitionsvolumen für den jeweiligen Unternehmer in Verbindung zu bringen sind. Kooperationen können die Attraktivität steigern, ohne dass dadurch das jeweilige Unternehmen additiv belastet wird oder sein Ertrag geschmälert wird. Umgekehrt gilt die Wechselbeziehung, je mehr Filter, das sind jene Faktoren, die die Attraktivität beeinträchtigen, vorhanden sind, umso höher ist die Wahrscheinlichkeit, dass schmerzliche Marktanteilsverluste die Folge sind. Ein besonderes Augenmerk sollte man in diesem Zusammenhang auf die vielen kleineren Filterfaktoren legen, die eine beachtliche Negativ-Gesamtwirkung auf den Konsumenten erzielen können.

Der Trend zum Instore-Marketing

Bei Konsumgütern werden bereits mehr als 30% der Kaufentscheidungen spontan getroffen. Ausgenommen davon sind langlebige Konsum- bzw. Investitionsgüter. Nachdem die Spontan- und Impulskäufe direkt am POS getroffen werden, gewinnt das Instore-Marketing zunehmend an Bedeutung. Unmittelbar damit zu verbinden sind kreative Verkaufsförderungsaktivitäten am Point of Sale.

Das Bündel an Maßnahmen, welches hier für die Kunden vorbereitet wird, subsummiert man unter dem Begriff Instore-Marketing. Wobei zwischen Faktoren unterschieden wird, die den Grundnutzenbereich oder den Zusatznutzen treffen. Beispielsweise zählt eine angemessene Verkaufsfläche im Handel zum Grundnutzen des Instore-Marketing, ebenso die Beleuchtung oder ein zur Positionierung passender Ladenbau. Hingegen wird der Zusatznutzenbereich im Instore-Marketing beispielsweise durch kreative Verkaufsförderungsideen, stimulierende Einkaufsatmosphäre oder individuelle Kundenpflege geschaffen.

Die Handelsbetriebe, die sowohl in der Grundnutzenkategorie des Instore-Marketing große Defizite haben, als auch in der Zusatznutzenkategorie wenig zu bieten haben, sind im Jahrzehnt der minus 30 % akut gefährdet.

Instore-Marketing hängt jedoch nicht nur von technischen- und ladenbauähnlichen Elementen ab. Weiche Faktoren wie die Atmosphäre, aber auch kreative Marketing-Ideen sind in diesem Mix zu berücksichtigen.

Wobei kreatives Marketing primär den Absatz fördern muss. Aktivitäten, die die Frequenz im Geschäft sprunghaft steigern, aber kaum potenzielle Kunden in den Handelsbetrieb bringen, werden immer weniger gefragt sein. In Zeiten, wo die Werbe- und Verkaufsförderungsbudgets immer punktierter ausgegeben werden müssen und sich auf die wesentlichen kommerziellen Aktivitäten fokussieren müssen, ist das Instore-Marketing ein hervorragendes Instrument, um die Umsätze Vorort zu steigern.

Verkaufsorientierte Direkt Marketing Aktivitäten, die über die Rücklaufquoten leicht und konkret messbar sind und die mit einem kundenorientierten Instore-Marketing zusätzlich kombiniert werden, werden von zukunftsorientierten Handelsunternehmen verstärkt eingesetzt.

Ausgewählte Trends aus Industrie und Produktion

Der Trend zur Steigerung der Produktivität durch Erhöhung der Automatisation bei gleichzeitigem Abbau von Personal

Aufgrund des internationalen Wettbewerbs gilt in vielen europäischen Produktionsbetrieben folgende Formel: Steigerung der Produktivität innerhalb von relativ kurzen Zeitintervallen um 30% bei gleichzeitiger Reduktion des Personals um nahezu ein Drittel. Von einigen Ausnahmen abgesehen wird im besten Fall in den meisten europäischen Produktionsbetrieben der Personalstand gleich hoch gehalten. Investitionen, die eine Erhöhung des Automatisationsgrades bewirken, werden sukzessive forciert. Ein Beispiel für diese Entwicklung ist das General-Motors-Werk in Aspern. 1995 wurden in die Modernisierung bzw. in den Ausbau der Produktionsanlagen 7 Mrd. ÖS investiert, um die Produktivität zu steigern, was auch gelang. Trotz dieses enormen Investitionsvolumens wurden keine Mitarbeiter zusätzlich aufgenommen.

Der Trend zur Absiedlung der Produktionsbetriebe in Förderregionen der EU bzw. in Billiglohnländer

Am Beispiel des VW-Konzerns ist ersichtlich, welche Rolle Produktionsbetriebe in Zukunft in Osteuropa spielen können und werden. So ist eine erklärte Strategie von VW die, dass die Marke Skoda, davon insbesondere das Top-Modell Octavia, sowohl vom technischen Standard wie auch von den Ausstattungspaketen her den Kunden ein Preis-Leistungs-Verhältnis bietet, wogegen selbst aggressivste Angebotsformen aus Südkorea oder Japan bestenfalls an zweiter Stelle rangieren. Insgesamt zeigt sich, dass die Produktionsbetriebe in Osteuropa die Rolle der Fernostproduzenten übernehmen, und das unmittelbar vor der EU-Haustür.

Diese Entwicklung betrifft nicht nur die Schlüsselindustrie Auto, sondern auch die Zulieferindustrie. Ein Beispiel dafür war 1996/1997 die Reifenfirma Conti, die durch den Abtransport von Produktionsmaschinen aus Traiskirchen in den Osten diese Entwicklung aufs Neue bestätigt hat. Aber auch bei den Konsumgütern ist eine ähnliche Tendenz zu beobachten. Namhafte Schuhproduzenten lagern ihre Produktionsstätten verstärkt in den Osten bzw. nach Fernost aus. Die Endfertigung erfolgt in Europa, wo auch sehr oft das globale Marketing gemacht wird. Auch die Lebensmittelbranche entdeckt immer mehr die Standorte in Osteuropa als neue Produktionsalternativen.

Die letzten Jahre haben gezeigt, dass die interkulturellen Unterschiede zwischen Ost- und Zentraleuropa wesentlich größer sind als ursprünglich angenommen. Insbesondere die Annahmen und Vorstellungen der Firmen aus dem Westen in Bezug auf die Leistungsmotivation im Osten mussten zum Teil beträchtlich nach unten revidiert werden. Ernüchterung und eine nachhaltige Erkenntnis, was wirklich machbar ist, sind das Ergebnis der beiderseitigen Lernkurven. Es ist davon auszugehen, dass in den nächsten Jahren die Reibungsverluste, die aufgrund von interkulturellen Unterschieden enorm waren, tendenziell geringer werden.

Auch die Erkenntnis, dass deutlich geringere Lohnkosten, die auf den ersten Blick für jeden Unternehmer attraktiv wirken, nicht mit hoher Produktivität gleich zu setzen sind, haben viele Unternehmen bei ihrer oft zu raschen Expansionspolitik in den Osten schmerzlich erfahren müssen.

Als Trugschluss hat sich erwiesen, dass High-Tech-Produkte nur in hoch entwickelten Industriestaaten produziert werden können. Die vergangenen Jahre haben gezeigt, dass High-Tech-Produkte wie Chips, Computer und vieles mehr auch in Billiglohnländern problemlos hergestellt werden können. Lediglich die Forschung und Entwicklung bieten für die Industriestaaten noch einen signifikanten Wettbewerbsvorsprung. Das Wachstum von Engineeringbüros in Deutschland ist ein Signal für diese Tendenz.

Der Trend zu kompatiblen Systemen und einheitlichen Standards

Ein Trendsetter dafür ist die Unterhaltungselektronikindustrie. Positive wie negative Beispiele finden sich in dieser Branche reichlich, aber nicht nur hier. Eine Meisterleistung im Schaffen von kompatiblen Systemen bei gleichzeitiger Setzung von neuen und einheitlichen Standards war die Entwicklung der Compact Disc. Philips, der Erfinder der CD, hattte rechtzeitig vor der weltweiten Markteinführung Sony dafür gewonnen, Compact Disc als einziges System anzuerkennen. In der Endphase der Forschung und Entwicklung arbeiteten die beiden Riesen der Unterhaltungselektronik gemeinsam am CD-Projekt. Der Welterfolg dieses Systems bestätigt die Richtigkeit dieser Vorgehensweise. Die Märkte und Anwendungsbereiche von Compact Discs boomen und gehen bereits weit über den Unterhaltungsbereich hinaus. Die Bandbreite reicht dabei von der CD als Datenträger für CARIN, dem Car Information Navigation System, bis hin zur aufnehmbaren CD als Speichermedium der Zukunft. Dort, wo keine einheitlichen Standards gesetzt werden und die Systeme nicht kompatibel sind, hat die Industrie sehr viel Geld verloren. Der

Kampf der Videorecordersysteme VHS gegen Video 2000 und Beta Max oder der DCC-Cassette gegen das DAT-Band sind bekannte bzw. teure Beispiele.

Ein ähnlicher Systemstreit zeichnet sich beispielsweise bei den Pkw-Navigationssystemen ab, wo das Bosch-System andere CD-Informationen für die Straßenkartenspeicherung braucht als das CARIN-System von Philips. Die Konsequenz ist ein doppelter Aufwand beim Anlegen der CD-Speichermedien, da die Kompatibilität nicht gegeben ist. Dadurch entstehen höhere Kosten und eine zaghaftere Marktentwicklung. Hätte man sich von vornherein auf einen Standard einigen können, wäre dieser Markt, der Zukunft hat, rascher aufbaubar.

Der Trend zur Konzentration auf die Erfahrungskurve

Die Erkenntnis aus der Erfahrungskurve zeigt, dass bei einer Verdoppelung der Produktionsmengen in der Fabrik die Herstellkosten um 10 bis 15% sinken. Eine weitere Verdoppelung des Outputs verringert die Herstellkosten um zusätzliche 10 bis 15% usw. Die Erfahrungskurve erklärt die enormen Preisreduktionen beispielsweise bei Computern, wo die Nachfolgemodelle in der Regel leistungsfähiger sind, aber gleichzeitig einen niedrigeren Preis haben. Gleiches gilt für die Preisentwicklung, die bei Taschenrechnern in den letzten Jahrzehnten zu beobachten war.

Neuerdings versucht die Industrie, bei der Einführung von Innovationen den Erfahrungskurveneffekt vorweg zu nehmen. Gerade bei der Markteinführung neuer Produkte werden aggressive Preispunkte angepeilt, um so eine Salamitaktik, bei der in relativ kurzen Zeitintervallen eine scheibchenweise Preisreduktion vorgenommen wird, zu verhindern.

Der Trend zum schlanken Denken in der Produktion

James P. Womack und Daniel T. Jones sind die geistigen Väter des schlanken Denkens, das fünf Grundsätze für die Industrie umfasst:

1. Der Nutzwert muss aus der Perspektive des Endverbrauchers peinlich genau festgelegt werden.

   Vor der Frage, wie ein Produkt hergestellt, zu welchem Preis und zu welchem Zeitpunkt es verfügbar sein soll, ist vorab der Nutzwert klar zu definieren. Im Sinne einer Top-Down-Strategie sollen in einer zweiten Folge die Detailfragen zur Produktion festgelegt werden.

2. Bei jedem Produkt bzw. jeder Produktgruppe ist der Strom der gesamten Wertschöpfung zu klären, um jegliche Mittelvergeudung abzustellen.

   Im Wesentlichen gibt es hier drei Hürden in der Produktion zu meistern.

   Hürde Nummer eins ist die Produktdefinition, wo die Kette von der Konzeption über die Gestaltung bis zur produktionsreifen Konstruktion reicht. Die zweite Barriere ist das praktizierte Informationsmanagement im Betrieb, die dritte die materielle Umwandlung, das heißt, aus den Rohmaterialien das fertige Produkt mit hoher Wertschöpfung herzustellen.

3. Die verbleibenden Wertschöpfungsschritte müssen fließend gestaltet werden. Nach dem Motto „alles fließt“ sind im Produktionsprozess tatsächlich alle Stufen, von der Konstruktion beginnend über die Auftragsbearbeitung zur Produktherstellung, in einen kontinuierlichen Arbeitsprozess einzugliedern. Leerkosten ebenso wie die Mittelvergeudung können durch diese Prozessgestaltung minimiert werden.

4. Produkte werden nur dann konstruiert und zur Lieferung bereit gehalten, wenn der Kunde sie tatsächlich will und wann er sie effektiv will. Mit diesem Ansatz wird nicht nur das Inkurrantrisiko stark reduziert, sondern auch das Lagermanagement auf ein Minimum gedrückt, da Lagerhalden dadurch ausgeschlossen werden.

5. Das Streben nach Perfektion

   Werden die vorangegangenen vier Punkte in der Umsetzung im Detail berücksichtigt, ist eine optimale und marktorientierte Produktgestaltung die Konsequenz. Der Trend in der Produktion, wo ein stetig fließender Wertschöpfungsstrom angestrebt bzw. optimiert wird, setzt sich weiter fort.

Der US-Maschinenbauer Lantech, ein relativ kleiner Hersteller von Verpackungsmaschinen, hat mit dem schlanken Denken in den letzten Jahren eine erstaunliche Leistungssteigerung geschafft. Dazu einige Kennziffern:

Schlankes Denken in der Industrie

Stetige Fließproduktion versus Serienproduktion mit Warteschlangen am Beispiel Lantech-Maschinenbau

	Serienproduktion mit Warteschlangen 1991	Stetige Fließproduktion 1995
Entwicklungszeit für eine neue Produktgruppe	3 bis 4 Jahre	1 Jahr
Mannstunden zur Produktion einer Maschine	160	80
Platzbedarf zur Fertigung einer Maschine	knapp 10 m^2	gut 5 m^2
Durchschnittliche Zahl der Mängel pro ausgelieferter Maschine	8	0,8
Durchlaufzeit in der Produktion	16 Wochen	14 Stunden bis 5 Tage
Lieferzeit *)	4 bis 20 Wochen	1 bis 4 Wochen

*) Das ist die Periode zwischen Auftragserteilung durch den Kunden und Auslieferung der Maschine. 1991 beanspruchte den größten Teil dieser Zeit das Produktionssystem. 1995, als Umsatz und Nachfrage die Lantech-Kapazitäten überforderten, ging die meiste Zeit mit Warten auf einen freien Platz in der Warteschlange verloren.

Der Trend zu industriellen Dienstleistungen

Grundsätzlich wird unterschieden zwischen industriellen Dienstleistungen am Produkt, zum Beispiel Wartung oder Reparatur, und Dienstleistungen am Subjekt, wie Seminare, Schulungen etc. Industrielle Dienstleistungen sind eine konkrete Antwort auf eine zukunftsorientierte EVP-Strategie. Die Vorteile sind Vermeidung von Preiskämpfen, Erhöhung der Kundenbindung, Kontinuität der Nachfrage, Erzielung von Cross-Selling-Effekten und Aufbau von Eintrittsbarrieren für den Mitbewerb. Gerade im Investitionsgüterbereich gibt es zwischen Abnehmern und Lieferanten eine hohe Verschmelzung in der Zusammenarbeit. So entstehen nicht nur intensive persönliche Kontakte zwischen den Beteiligten, sondern was viel nachhaltiger wirkt, es entsteht eine Angleichung der Systeme und Prozesse der beteiligten Unternehmen. Die Abstimmung der Logistik und Systeme oder das Verknüpfen der unterschiedlichen Informationssysteme mittels Online-Verbindungen zwischen Hersteller und Kunden, sind nur zwei Beispiele dafür.

Erfolgreiche Beispiele aus der Praxis für industrielle Dienstleistungen sind Serviceverträge bei Computer-Netzwerken, bei Farbkopierern oder Wartungsverträge für Produktionsmaschinen. Die Erfolgsfaktorenerforschung zeigt, dass Erfolg im Dienstleistungswettbewerb in hohem Maße von Flexibilität, Innovationsfreude und Qualitätsbewusstsein abhängt.

Gerade im sehr technisch-orientierten Investitionsgüterbereich stellt es auch eine mentale Herausforderung dar, industrielle Dienstleistungen überhaupt als strategische Geschäftsfelder zu definieren. Der größte Filter bzw. das größte Problemfeld ist die richtige Definition der industriellen Dienstleistungen in Art und

Umfang. Die Organisation, die Qualifikation und Motivation des Personals sowie die richtige Preisgestaltung stellen weitere Problemzonen dar. Industrielle Dienstleistungen machen nur dann Sinn, wenn sie zu einem potenziellen Wettbewerbsvorteil führen und strategisch gemanagt werden.

Märkte mit Zukunft

Systeme folgen den Strategien, wo bleiben die zukunftsorientierten Strategien?

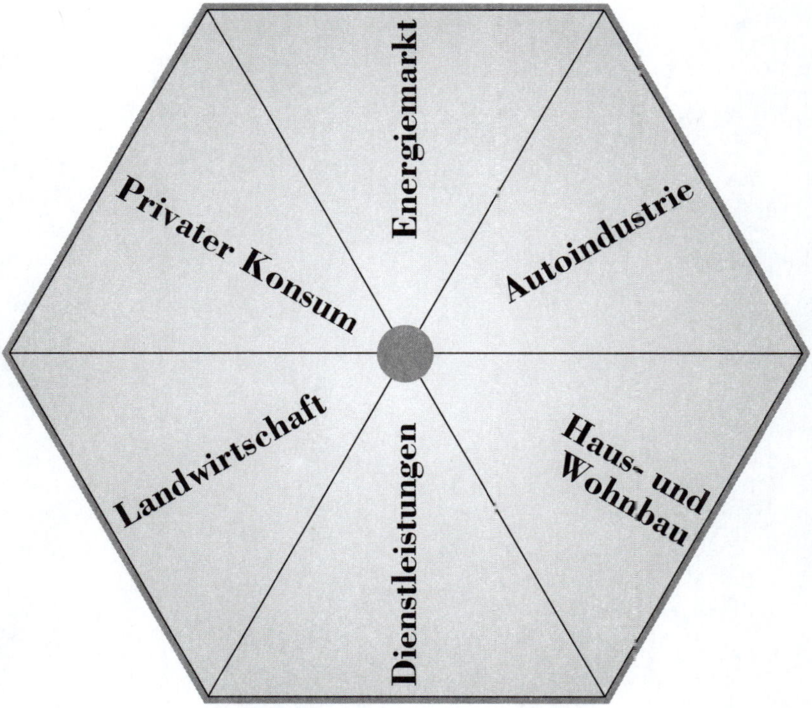

Der Energiemarkt – Sackgassenpolitik oder Markt mit Zukunft?

Der Primärenergieverbrauch in der Bundesrepublik Deutschland lag im Jahr 1995 bei 14 Exajoule. Die Verteilung war wie folgt: 41 % Mineralöl, 28 % Kohle, 19 % Erdgas, 10 % Kernenergie und 2 % erneuerbare Energien.

Diesem Primärenergieverbrauch stand im Jahr 1995 ein Endenergieverbrauch von 9 Exajoule gegenüber. Davon wurden 27 % von der Industrie, 27 % von den Haushalten, 27 % vom Verkehr und weitere rund 17 % von den Kleinverbrauchern und dem Militär nachgefragt. Zur Deckung des Endenergieverbrauchs trugen Kohle 7,3 %, Kraftstoffe 29,3 %, Heizöl 18,1 %, Gase 23,5 % und Strom 17,1 % bei. Den Rest bildeten Fernwärme mit 4 % und Sonstige mit 0,6 %. Darunter entfielen auch die regenerativen Energien.

Betrachtet man die Stromerzeugung nach Energieträgern in Deutschland 1995 im Detail, so zeigt sich, dass 29 % aus der Kernenergie stammen, 27 % von der Steinkohle und 27 % von der Braunkohle kommen. Berücksichtigt man, dass in Deutschland 1995/96 kein neues Kernkraftwerk in Betrieb ging und auch keines in Bau war, stellt sich spätestens in 20 Jahren die Frage, aus welchem Energieträger Strom anstelle von Kernenergie produziert werden soll. Bedenkt man die explodierende Erdölpreisentwicklung, die zwischen 2002 und 2005 zu erwarten sein wird, und die schrittweise Reduzierung der Kohlesubventionen in Deutschland, dann ist es heute an der Zeit, die Systeme für morgen vorzubereiten.

Dazu ist es notwendig, die einzelnen Energieträger einer Markttypologie zuzuführen. Wertvoll ist hier die Anlehnung an eine Nomenklatur, die aus dem Marketing stammt, wo folgende Markttypen unterschieden werden:

- Boomender Markt
  Dieser hat ein wertmäßiges Wachstum von ≥10% pro Jahr.
- Wachsender Markt
  Der vorliegende Markttyp schafft eine jährliche Zuwachsrate von 1 bis 9,9%.
- Stabiler Markt oder stagnierender Markt
  Dieser bleibt wertmäßig auf Vorjahresniveau. Eine Schwankungsbandbreite von ±1% gegenüber dem Vorjahr wird zugelassen.
- Rückläufiger Markt
  Dieser ist durch ein wertmäßiges Minus von ≥ 1% pro Jahr charakterisiert.

Überträgt man diese Markttypologie auf die Energieträger, dann wird die Entwicklung bis zum Jahr 2005 innerhalb der Europäischen Union folgende Nachfrage durchlaufen:

Marktentwicklung der Energieträger in der EU bis 2005

Energieträger	Markttypen
Erdöl	rückläufig
Erdgas	wachsend
Kernkraft	rückläufig
Solarenergie	boomend
Windenergie	boomend
Biomasse	wachsend
Wasserkraft	wachsend
Kohle	rückläufig
Wasserstoff	boomend

Erdöl

Das Erdöl wird aufgrund der explodierenden Marktpreise, aber auch wegen der höheren Besteuerung durch die EU mengenmäßig und wertmäßig rückläufig sein.

Die Nachfrage nach Heizöl wird in den nächsten Jahren weiter sinken, da eine verstärkte Heizungsumstellung auf Erdgas erfolgt. Trotz Zunahme des Kfz-Verkehrs wird durch ein intelligentes Motorenmanagement der einzelnen Fahrzeuge in Summe der mengenmäßige Benzinbedarf rückläufig sein, bestenfalls stagnieren. Ähnliches gilt für die Nachfrageentwicklung bei Dieselkraftstoff.

Obwohl in Deutschland 1996 rund 66,3 % des Güterverkehrsvolumens über Lkw abgewickelt wurden, wird die Nachfrage nach Dieseltreibstoff bestenfalls stabil bleiben. Hinzu kommt, dass die klassischen Diesel- und Benzinmotoren verstärkt durch Motoren der neuen Generation substituiert werden. Elektromotoren, Pkws mit Wasserstoffantrieb, Brennstoffbatteriezellen und Hybridautos werden sukzessive Marktanteile erobern. Mit der Jahrtausendwende werden die ersten leistungsfähigen Wasserstoffautos auf den Markt kommen. So wie die Vinyl-Langspielplatte von der CD substituiert wurde, wird sich bis 2010 ein Abtausch im Motorenmanagementbereich vollziehen, der sich wie folgt auf den Punkt bringen lässt: weg von Diesel- und Benzinmotoren hin zu einem Motorenmanagement, das mit erneuerbaren Energien arbeitet. Dass damit der Konzentrationsprozess bei Tankstellen beschleunigt wird und das Jahrzehnt der minus 30 % die unweigerliche Folge ist, ist verständlich. Mit Sicherheit werden die Erdölfirmen versuchen, diese Entwicklungen bestmöglich zu verzögern, verhindert kann dieser Strukturwandel jedoch nicht werden. Zumal die Menschen, die heute zur Welt kommen, erleben werden, dass es kein Erdöl mehr gibt.

Hinzu kommt, dass die Konsumenten ab der Jahrtausendwende fossile Energieträger aus ökologischen Gründen verstärkt ablehnen werden.

Erdgas

In die Infrastruktur dieses Energieträgers wurde in den letzten Jahren milliardenschwer investiert. Nachdem Erdgas neben einem immer dichter werdenden Versorgungsnetz ein interessantes Preis-Leistungs-Verhältnis bietet und als relativ saubere Primärenergie gilt, wird es einen wachsenden Anteil am zukünftigen Energieaufkommen haben. Der Verwendungsbereich wird sich primär auf stationäre Gebiete konzentrieren, im mobilen Sektor wird Erdgas eine geringe Bedeutung haben.

Kernkraft

Die Kernkraft ist innerhalb der Europäischen Union zum Auslaufmodell geworden. Die Folgekosten für diesen Energieträger sind derzeit in keiner Form abschätzbar. Die starke gesellschaftliche Polarisierung, die die Kernenergie schafft, steht erst am Anfang. Das Unverständnis der nachfolgenden Generationen, die keinerlei Ertrag mehr aus den Atomruinen erzielen können, aber die enormen Altlasten zu tragen haben, wird wie ein Damoklesschwert über der Energiepolitik der 70er und 80er Jahre hängen.

Dazu zwei Beispiele: Der Unglücksreaktor in Tschernobyl braucht dringend einen neuen Sarkophag, Kostenpunkt 2 Mrd. DM. Bezahlen sollen das hauptsächlich die G7-Staaten. Beispiel Nummer zwei: Der Castrotransport nach Gorleben hat im Jahr 1996 Kosten in der Höhe von 100 Mio. DM verursacht. Dass die Kernkraft in Europa ein Auslaufmodell ist, zeigen die stark rückläufigen Forschungs- und Entwicklungsausgaben, insbesondere auch in Deutschland. Hinzu kommt, dass innerhalb der Europäischen Union kaum mehr neue Kernkraftwerke gebaut werden.

Die Aufgaben und Probleme, die die Atomkraft der heutigen und der nachfolgenden Generation bescheren wird, werden vielerorts noch unterschätzt. Gleich welche Regierung in den nächsten Jahren in Deutschland im Amt sein wird, mehrere Castrotransporte wie in der erlebten Form von 1996 wird die Gesellschaft in Deutschland nicht verkraften. Nachdem die Endfrage des Atommülls in den nächsten Jahren keiner Lösung zugeführt werden kann, wird aller Voraussicht nach eine provisorische gesucht. Diese wird bei den jeweiligen Atomkraftwerken zukünftig kleine Zwischenlager vorsehen, wo über Jahrzehnte hindurch der Atommüll gelagert werden soll, um sich so solch gesellschaftspolarisierende Atommülltransporte zu ersparen. Dass dies ein additives Gefährdungspotenzial für Mensch und Ökologie darstellt, ist leicht nachvollziehbar.

Dass die EU mit Abstand die höchste Verantwortung im Bereich der Kernenergie für Mensch und Umwelt hat, zeigt die nachfolgende Statistik.

Anzahl der Kernkraftwerksblöcke Anfang 1996

Land	Anzahl in Betrieb	Anteil in %
EU	145	34,5
USA	109	26,0
Japan	50	11,9
Osten*	35	8,3
Russland	29	6,9
Kanada	21	5,1
Indien	10	2,4
Rep. Korea	10	2,4
VR China	6	1,3
Schweiz	5	1,2
Gesamt	**420**	**100**

*Osten: Ukraine, Bulgarien, Ungarn, Slowakei, Tschechische Republik, Slowenien

Quelle: Der Fischer Weltalmanach '97

Die Europäische Union hat mit 145 Blöcken weltweit die meisten Kernkraftwerke in Betrieb, gefolgt von den USA mit 109 und Japan mit 50.

Das größte Risikopotenzial stellen jedoch mit Abstand Osteuropa und Russland dar, wo derzeit 64 Kernkraftwerke in Betrieb sind, die zum Teil in einem höchst desolaten Zustand geführt werden.

Experten sind sich einig, dass es nicht die Frage ist, ob ein nächster Reaktorunfall passieren wird, sondern wann dieser geschieht. Neben dem Menschenleid und dem Desaster für die Ökologie wird die Frage nach Haftung und finanzieller Wiedergutmachung intensivst diskutiert werden müssen.

Auch im Sinne eines Generationenvertrags sollte sich Europa und im Besonderen Deutschland überlegen, durch welche neuen und vor allem regenerierbaren Energieträger die Kernenergie in den nächsten zwei Jahrzehnten ersetzt werden kann. Die Franzosen, die 77% des Strombedarfs durch Kernenergie decken, werden erst nach weiteren Reaktorunfällen bereit sein, sich aus der Atomkraft zurückzuziehen.

Solarenergie

Die Fotovoltaik wird einer der ganz großen Wachstumsmärkte der Zukunft sein. Ergänzt wird das Marktwachstum durch thermische Solaranlagen. Obwohl es noch keine Großserienproduktion von Fotovoltaikzellen gibt, ist der Verkaufspreis von 1976 bis 1990 um 30% gesunken. Im gleichen Zeitraum stieg der Wirkungsgrad in der Umwandlung von 5 auf 15%. Bereits heute gibt es Fotovoltaikzellen, die einen 30%igen Wirkungsgrad erzielen. Die Erfahrungskurve wird auch bei den Fotovoltaikzellen wirksam. Es ist davon auszugehen, dass bei einer Verdoppelung der Produktionsmenge die Herstellungskosten um 10 bis 15% sinken werden. Gleichzeitig wird die Leistungsfähigkeit der Produkte gesteigert. Die Fotovoltaikzellen werden, sobald einmal eine

Großserienproduktion startet, eine ähnliche Entwicklung im Preis-Leistungs-Verhältnis nehmen wie Computer derzeit oder Taschenrechner in der Vergangenheit.

Die Behauptung, dass Fotovoltaikzellen im Jahr 1997 zu teuer sind, stimmt nur begrenzt. Die meisten Amortisationsrechnungen nehmen eine Lebensdauer von 20 Jahren an. Geht man von einer realistischen 30-jährigen Lebensdauer aus, konnten in Mitteleuropa bereits 1996 Kilowattstundenpreise unter 1 DM erzielt werden. Mit hoher Wahrscheinlichkeit wird die Solarenergie mit Beginn des dritten Jahrtausends ein attraktives Preis-Leistungs-Verhältnis haben. Voraussetzung dafür ist, dass die Politik produktive Rahmenbedingungen schafft.

Wie leistungsfähig die Fotovoltaik bereits geworden ist, zeigt die Pay-back-Time, das ist die Zeit, in der die eingesetzten Zellen so viel Energie umwandeln, wie für die Herstellung der Fotovoltaikzellen notwendig war. Sie liegt derzeit bereits bei 15 bis 24 Monaten. Welches Potenzial die Solarenergie in Summe hat, zeigt eine Studie des Newcastle Photovoltaic Application Centre. Würden 10% der vorhandenen Gebäudeflächen in Großbritannien mit Fotovoltaikzellen ausgestattet sein, könnte damit der gesamte Strombedarf der Briten gedeckt werden.

Auch eine Menge neuer Arbeitsplätze würden in der Fotovoltaikindustrie und in der für die Umsetzung notwendigen Bauwirtschaft geschaffen werden. So hat beispielsweise das World Watch Institute berechnet, dass für die Stromerzeugung von 1.000 Gigawattstunden im Jahr zweieinhalbmal so viele Menschen beschäftigt werden können, wenn der Strom durch Solarenergie erzeugt wird und nicht durch Kernenergie. Im Bereich der Windenergie würden sogar mehr als fünfmal so viele Menschen Beschäftigung finden als in der Atomstromproduktion.

Neue Materialien werden die Fotovoltaik in der Marktdurchdringung stärken. So hat die US-Firma North-East Photosciences Inc. Systeme zur Gewinnung von Solarenergie für die Nutzung in der Raumfahrt entwickelt. Basis dafür ist eine holographische Folie. Ein Kilowattstundenpreis von 50 bis 60 Groschen sollte mit dieser Technologie in den nächsten Jahren schaffbar sein, so die Angaben des Herstellers.

Volkswirtschaftlich würde es Sinn machen, relativ rasch eine offensive Strategie im Fotovoltaikbereich zu setzen. Bedenkt man, dass allein im Jahr 1990 die Europäische Union rund 120 Mrd. DM für Ölimporte ausgegeben hat, ist es sicherlich zweckmäßig, in Fotovoltaik und erneuerbare Energien zu investieren, insbesondere auch deshalb, weil sich der weltweite Energieverbrauch von 1993 bis zum Jahr 2010 um 50 % erhöhen wird.

Windenergie

Diese erneuerbare Energie hat in Deutschland und Österreich noch einen verschwindend kleinen Anteil am Gesamtenergiemix. Ursachen dafür sind die sehr kleinen Forschungs- und Entwicklungsbudgets, die bisher zur Verfügung gestellt wurden, die verhaltene bzw. sehr spät begonnene Förderungspolitik, aber auch die geografischen Voraussetzungen, die diese beiden Länder vorfinden. Grundsätzlich gilt, dass die Windenergie an Küsten eine höhere Produktivität und ein besseres Preis-Leistungs-Verhältnis erzielt als die Windenergie im Landesinneren. Kritiker verweisen daher stets auf die relativ hohen Erzeugungskosten pro Kilowatt Strom. Wobei diese Art von Wirtschaftlichkeitsbetrachtung einer Gegenwartsaufnahme von 1997 entspricht und primär der Sorge einzelner Lobbys, Macht und Marktanteile zu verlieren, entspringt. Sobald die fossilen Energieträger signifikant teurer werden, werden sich dadurch auch die Referenzpunkte in den Wirtschaftlichkeitsrechnungen nachhaltig verändern. Dass dies in absehbarer Zeit der Fall sein wird, wird kaum mehr bezweifelt.

In Österreich schaffen zwei kleine Windparks – Eberschwang und Laussa – mit ihren fünf Windrädern eine Jahresstromerzeugung, die für rund 1.500 private Haushalte ausreicht. Das Investitionsvolumen für diese beiden Windenergieparks lag bei rund 45 Mio. ÖS. Würden beispielsweise in Österreich 1.000 Windparks mit je 5 Windrädern gebaut, wäre das die jährliche Stromproduktion für 1,500.000 private Haushalte. Stellt man dieser Ziffer die Gesamtanzahl der österreichischen Privathaushalte gegenüber, das waren 1996 rund 3 Mio., könnte die Windenergie im obige Beispiel 50% des Strombedarfes für die privaten Haushalte zur Verfügung stellen. Dies würde ein Investitionsvolumen von rund 45 Mrd. ÖS notwendig machen. Berücksichtigt man, dass in Österreich 1995 um mehr als 20 Mrd. ÖS Erdöl importiert wurde, so beginnt sich das Milliardeninvestitionsvolumen zu relativieren.

Dass die Windenergie technisch ausgereift ist, steht außer Zweifel. Die geeigneten Standorte für 1.000 kleine Windparks in Österreich zu finden, ohne dass große Störeffekte entstehen, ist leicht vorstellbar. Mit dem plakativen Rechenbeispiel zur Windenergie soll verdeutlicht werden, dass die Ansätze mancher Fachleute, die immer wieder behaupten, dass erneuerbare Energie nur einen Anteil von 5 bis maximal 20% eines Industriestaates abdecken kann, eher am begrenzten Vorstellungsvermögen scheitern. Die Windenergie wird zukünftig einen wachsenden Anteil am Energiemix haben.

Biomasse

Dieser Bereich ist als wachsend einzustufen und gerade für Fernwärme, aber auch für größere Projektanlagen einsetzbar. Der Nachteil der Biomasse ist das convenience-unfreundliche Handling, das vielerorts damit verbunden ist. Relativ große Lagerkapazitäten, aufwändige Logistik und ein spezielles Know-how sind für die Inbetriebnahme notwendig. Daher wird dieser Energieträger für private Haushalte Vorort wenig Anwendung finden. Neue Pflanzen und Sorten werden diesen Markt additiv beleben.

Wasserkraft

Diese Form von Energiequelle wird in Zukunft wachsend sein, wenngleich Großprojekte immer schwerer zu verwirklichen sein werden. Das Wachstumspotenzial liegt vorwiegend bei den kleinen Kraftwerken, der Trend zur Dezentralisierung setzt sich auch hier fort.

Kohle

Die jüngsten Diskussionen über die Reduktion der Subventionen in der deutschen Kohleförderung zeigen an, dass dieser Energieträger nicht nur ökologisch, sondern auch betriebswirtschaftlich am Standort Deutschland keine wirkliche Zukunftsperspektive hat. Kostet 1 Tonne Kohle am freien Markt rund 70 DM, verursacht die Produktion in Deutschland Kosten von etwa 240 DM. Faktum ist, dass die Subventionen bei Kohle in Deutschland signifikant zurückgenommen werden. Kohle wird ein rückläufiger Energieträger sein.

Wasserstoff

Wasserstoff als Energieträger wird in den nächsten Jahren boomen. Produziert wird dieser erneuerbare Energieträger in Zukunft primär dezentral und in kleinen Einheiten. Die Wasserstofftechnologie kann zu einem starken Wachstumsmotor für die Bauwirtschaft werden und gänzlich neue Märkte auch in anderen Branchen schaffen. Zu Beginn des dritten Jahrtausends werden namhafte Autohersteller wasserstoffbetriebene Pkws auf den Markt bringen.

Stellen Sie sich beispielsweise einen Minivan vor, der im Dach einen Wasserstofftank eingebaut hat. Sämtliche Gefahren und Risken, die mit der Wasserstofftechnologie in Verbindung zu bringen sind, sind gelöst, wie beispielsweise die Forscher und Techniker von BMW bestätigen. Auch dem Trend zum Convenience entspricht das wasserstoffbetriebene Auto, denn das Fahrverhalten ist dem eines Diesel- oder Benzin-Pkws durchaus ebenbürtig. Auch der Tankvorgang dauert weniger als 10 Minuten. Mit einem entsprechenden Tank ist die gleiche Reichweite erzielbar wie die eines diesel- oder benzinbetriebenen Pkws. Der Energieträger Wasserstoff kann technisch in jeder kleinen Produktionseinheit problemlos hergestellt werden. Stellen Sie sich bitte ein Einfamilienhaus vor, wo im Garten statt dem bisherigen Gas- oder Öltank ein Wasserstofftank steht. Diese Art von Verfügbarkeit wird auch notwendig sein, um wasserstoffbetriebenen Fahrzeugen zum Marktdurchbruch zu verhelfen.

Die Megaprojekte, wie sie ursprünglich geplant waren, nämlich im Sonnengürtel der Erde Wasserstoff zu erzeugen und per Supertanker in verdichteter Form abgekühlt auf minus 280 °C den Industriestaaten als Energieträger zur Verfügung zu stellen, sind gescheitert. Zu viele Interessenkonflikte gab es bei diesem Projekt. Zu warten, dass die Ölkonzerne ihr Tankstellennetz auf Wasserstoff-Tanksäulen umbauen, ist ebenfalls unrealistisch. Daher wird es so sein, dass die jeweiligen Hausbesitzer zukünftig einen Wasserstofftank im Garten oder im Keller brauchen, um den Energiebedarf für das Auto oder auch für andere Geräte decken zu können.

Auch hier eröffnet sich ein Markt mit Zukunft.

Die Autoindustrie, der Innovationsmotor für die Bau- und Energiewirtschaft

Der wahrscheinlich wichtigste Innovationsschub, der der Wirtschaft ein riesiges Markt- und Chancenpotenzial bescheren wird, kommt von der Autoindustrie. Durch die neuen Antriebstechnologien bei Pkws und Minivans werden Märkte mit Zukunft geschaffen und wird ein Wirtschaftskreislauf ermöglicht, den es in der bisherigen Form noch nicht gab.

Die erste Stufe dazu ist das Hybridauto von Audi, das neben einem TDI-Motor mit einem Elektromotor betrieben wird. Aufgeladen wird der E-Motor an einer 220-Volt-Steckdose. Der dafür notwendige Strom wird in Zukunft immer weniger vom herkömmlichen Netz kommen, sondern über Fotovoltaik gewonnen werden. Leistungsfähige Solardachziegel, die die Sonnenenergie in elektrischen Strom umwandeln, werden dies ermöglichen. Die Tankstelle zu Hause ist damit Wirklichkeit geworden. Die Bauwirtschaft wird durch diese Entwicklung einen gänzlich neuen Dachmarkt mit hoher Wertschöpfung vorfinden. Der Grundnutzen des Daches, Schutz zu bieten, wird um den Zusatznutzen erweitert, Energie zu gewinnen durch High Tech.

Die zweite Stufe wird durch die Markteinführung des Wasserstoffautos geschaffen. Zu Beginn des dritten Jahrtausends werden leistungsfähige Pkws und Minivans mit Wasserstoffbetrieb fahren. Die Risken und Gefahren beim Betrieb eines Wasserstoff-Pkws haben die Techniker voll im Griff. Das Fahrverhalten eines Wasserstoffautos ist dem eines Benzin- und Diesel-Pkws sehr ähnlich. Das Wasserstoffauto fährt emissionsfrei und bezieht seine Energie vom Wasserstofftank, der im Garten oder in der Garage untergebracht ist. Die Energie, die für die Gewinnung des Wasserstoffs notwendig ist, wird wiederum über die Fotovoltaik gewonnen. An heißen Tagen wird Wasser in Wasserstoff und Sauerstoff zerlegt, der gewonnene Wasserstoff in dem vorgesehenen

Tank gelagert. Auch die Energie, die für die Kühlung des Wasserstofftanks notwendig ist – Wasserstoff muss auf minus 280 °C abgekühlt werden, damit eine ähnlich hohe Energiedichte wie bei Benzin oder Diesel erreicht wird –, kommt über die Fotovoltaik. Die ausgereifte Technik dieser Tanks garantiert, dass sich auch ohne Kühlvorgang der Inhalt des Wasserstofftanks pro Tag maximal um 1 °C erwärmt. Auch diese Technologie ist bereits fertig entwickelt und für den Markt verfügbar.

Die Bauwirtschaft wiederum wird durch eine erhöhte Nachfrage nach Solarwasserstoff neben Fotovoltaikdachziegeln zusätzlich Fassaden und Fenster als Medien für die Solarstromerzeugung einsetzen. Der nächste Wachstumsschub für die Bauwirtschaft ist damit gegeben. Fotovoltaik, über die drei Medien Solardach, -fassade und -fenster, wird nicht nur den Neubau, sondern auch die Renovierung und Sanierung in eine neue Epoche führen. Zusätzlich werden kleine Energiezentralen im zukunftsorientierten Hausbau zum integrierten Bestandteil. Leistungsfähigen Speichermedien kommt dabei eine besonders hohe Bedeutung zu. Elektrische Energie könnte in adaptierten Industriebatterien gespeichert werden, wie sie derzeit bei Hubstaplern im Einsatz sind. Dieses Speichermedium könnte über mehrere Tage hindurch den gesamten Strombedarf eines Hauses decken, auch wenn keine Energie über Fotovoltaik gewonnen werden kann, weil die Sonne durch schlechte Witterung als Urenergiequelle nicht genutzt werden kann. Ein attraktives Preis-Leistungs-Verhältnis für solche Solarenergiespeicher wird in etwa fünf bis zehn Jahren verfügbar sein.

Die Autoindustrie wird den Innovationsschub auf die Bauwirtschaft und Energiewirtschaft zusätzlich durch leistungsfähige Elektroautos verstärken, die nach der Jahrtausendwende auf den

Markt kommen werden. Bei einer Menge anderer Produkte wird die neue Antriebstechnologie, die von der Autoindustrie entwickelt wurde, zum Einsatz kommen. Wasserstoffbetriebene Rasenmäher, elektrobetriebene Fahrräder und vieles mehr werden die logische Konsequenz aus diesem Fortschritt sein. Das beeindruckende an dieser Entwicklung ist, dass durch die neuen Märkte mit Zukunft in der Bauwirtschaft eine Vielzahl von Arbeitsplätzen geschaffen werden. Die Konsumenten werden zu den Gewinnern zählen, da sie Produkte am Markt vorfinden, die ihre Bedürfnisse optimal befriedigen und eine starke Innovationsausstrahlung haben.

In der Gesamtbetrachtung zeigt sich, dass die Umwelt in diesem Modell bestmöglich geschont wird und damit dem ökologischen Raubbau der letzten Jahrzehnte positiv entgegengewirkt wird. Würde diese Entwicklung konsequent und offensiv gefördert, wäre das ein essenzieller Beitrag zur Friedenssicherung. Die Abhängigkeit vom Erdöl und von anderen fossilen Energieträgern würde damit signifikant zurückgehen. Kriege, wie wir sie in der Vergangenheit erlebt haben, die primär wegen Erdöl geführt wurden, würden damit sehr unwahrscheinlich werden. Ein quantitativer und qualitativer Wirtschaftsaufschwung, der sich zumindest über ein Jahrzehnt erstrecken würde, wäre eine weitere wertvolle und erfreuliche Konsequenz daraus.

Rasch realisierbar wird diese Entwicklung nur dann sein, wenn die notwendigen Rahmenbedingungen geschaffen und Maßnahmen gesetzt werden. Zum einen ist die Politik gefordert, die auch Vorbildcharakter haben könnte, indem sie alle neu zu bauenden oder zur Renovierung anstehenden öffentlichen Objekte mit Fotovoltaik ausstatten lässt. Ökologische Steuersysteme müssten zusätzlich die nicht erneuerbaren Energieträger tendenziell verteuern, parallel dazu müssten die Technologien für erneuerbare Energien gefördert werden.

Neue Finanzierungsmodelle sind zu schaffen, um den erneuerbaren Energien und damit der Bauwirtschaft zu Märkten mit Zukunft zu verhelfen. Erfolgreiche Beispiele gibt es in diesem Zusammenhang aus der Vergangenheit. Wie beim Bausparen könnte eine ähnlich erfolgreiche Finanzierungsform gefunden werden, die sich auf Fotovoltaik konzentriert. Die Wirtschaft würde bei diesen Rahmenbedingungen den Konsumenten mit einem offensiven Marketing diese neuen technischen Möglichkeiten rasch nahe bringen. Damit würden Märkte mit Zukunft entstehen, die für die gesamte Wirtschaft eine sehr positive Wirkung hätten.

Selbst wenn die Politik die notwendigen Rahmenbedingungen nicht schafft oder keine attraktiven Finanzierungsmodelle für Fotovoltaik angeboten werden, wird die beschriebene Entwicklung dennoch nicht zu verhindern sein. Sie wird dadurch zwar gebremst, gleichzeitig werden die anstehenden Probleme und zukünftigen Herausforderungen größer.

Es ist zu hoffen, dass der Innovationsmotor Autoindustrie von der Bau- und Energiewirtschaft bestmöglich und aktiv genützt wird.

Es gibt Kritiker, die meinen, dass die Autoindustrie an Stellenwert verlieren wird, da der Individualverkehr in den übervollen Straßen ersticken wird. Dieses Szenario wird mit Sicherheit nicht eintreten, da das Mobilitätsbedürfnis der Menschen auch in Zukunft sehr stark ausgeprägt sein wird. Der Individualverkehr wird trotz leistungsfähiger Informationstechnologien, mit denen die weite Welt via Satellit in die eigenen vier Wände eingespielt werden kann, an Bedeutung gewinnen. Die Autoindustrie wird mit den neuen Antriebstechnologien zu *dem* Innovationsmotor für die Bau- und Energiewirtschaft und Märkte mit Zukunft schaffen.

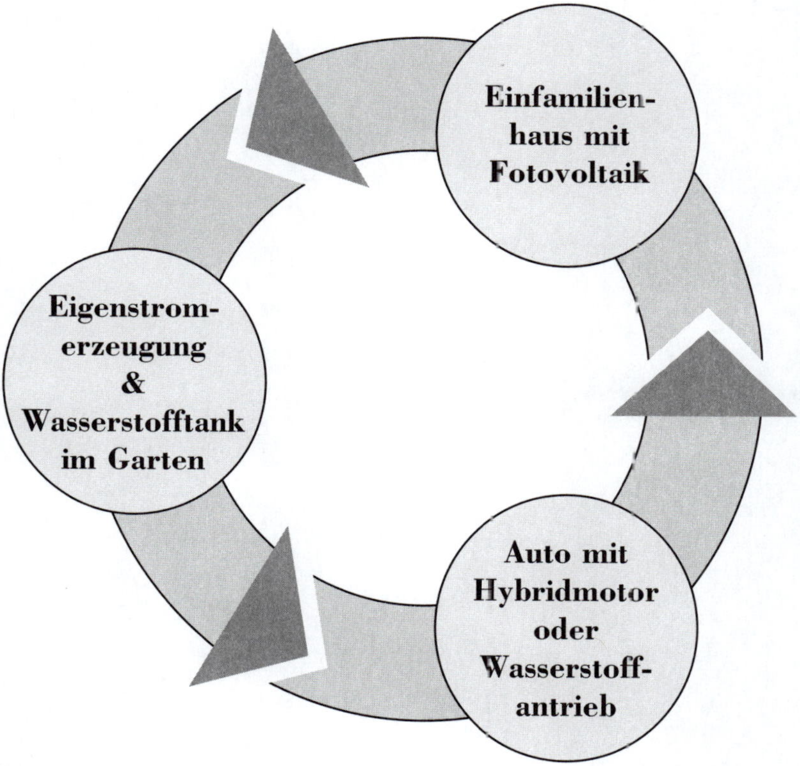

Zukunftsorientierter Haus- und Wohnbau

Die Bauwirtschaft kann goldenen Zeiten entgegengehen, wenn sie rechtzeitig auf Märkte mit Zukunft baut. Die derzeit triste Situation im Baubereich hat nicht nur mit einer schwachen Konjunktur zu tun, sondern ist auch wesentlich auf einen geringen Innovationsgrad zurückzuführen.

Der private Hausneubau wird unter den derzeitigen Rahmenbedingungen auf relativ hohem Niveau stabil bleiben. In Österreich werden pro Jahr rund 17.000 neue Einfamilienhäuser errichtet. In Deutschland sind es jährlich ca. 200.000. Das Segment, das hier am stärksten wächst, sind Fertighäuser. Ein Marktanteil von mehr als 10% ist bereits erreicht, ein Anteil von 20 bis 25% ist bis zum Jahr 2005 durchaus realistisch. Die verbesserte Qualität, überschaubare Kosten, eine immer größer werdende Modellvielfalt bei gleichzeitiger Verwirklichung von individuellen Wünschen, sind nur einige Erfolgskriterien. Auch die Zeitersparnis und die damit verbundene höhere Lebensqualität sind wesentliche Faktoren, die für das Marktwachstum von Fertighäusern sprechen.

Im klassischen Hausbau wird das Innovationspotenzial zu wenig genutzt. Die sogenannten Smart Buildings sind derzeitige Umsetzungszwerge. Obwohl eine Menge Convenience- und Einsparungspotenziale durch „denkende Gebäude“ erzielt werden können, gibt es diesbezüglich kaum attraktive Pakete, die dem Kunden angeboten werden. Der mobile Kokon ist dem stationären heute in einigen Bereichen deutlich überlegen. So gehört 1997 eine Klimaanlage zum guten Ausstattungspaket eines Autos, jedoch nur wenige Wohnungen und Häuser in Europa verfügen über klimatisierte Räumlichkeiten. Eine Warnblinkanlage gehört zur Mussausstattung jedes fahrbaren Untersatzes. In Zeiten, wo das Sicherheitsbedürfnis immer größer wird, wäre beispielsweise eine Warnsignal- oder Warnblinkanlage im Haus, die von weitem sicht- bzw. hörbar ist, ein interessantes Ausstattungspaket.

Die derzeitige Baubranche wird hauptsächlich noch immer davon geleitet, möglichst viele Lkw-Ladungen an Ziegeln oder anderen Baugrundstoffen in einer Vielzahl von Tonnagen oder Kubikmetern zu liefern. Viel zu wenig wird an den zukunftsorientierten Hausneubau gedacht, der von den Kunden auch gewünscht wird.

Dass sich die Ansprüche der Kunden im Bereich der Raum- und Wohnflächenverteilung ändern, ist Faktum. Wie beispielsweise eine 85 m^2 große Wohnung von der Raumaufteilung her zukunftsorientiert ausgelegt werden kann, zeigt das nachfolgende Beispiel.

Zukunfts- und kundenorientierte Wohnflächenverteilung

Im nachfolgenden Beispiel wird eine 85 m² große Wohnung skizziert, die auf eine zukunftsorientierte Wohnflächenverteilung Bezug nimmt.

Wohnflächenverteilung	in m²	Veränderungsgrad
Multimediaraum mit Home Office inkl. ISDN	8,0	hoch
Bad als Refreshing- und Gesundheitsraum	12,0	hoch
WC mit Regenwasserbetrieb	1,5	mittel
Gäste- und Repräsentationsraum inkl. Unterhaltungselektronikcenter	25,0	mittel
Kleine Küche mit Convenience	7,0	mittel
Multifunktionales Schlafzimmer	15,0	mittel
1 Kinderzimmer	10,0	gering
Vorraum	6,5	gering
Summe	**85,0**	

Weitere Ausstattungsmerkmale ergänzen die 85 m² große Wohnung

Energiezentrale mit Stromspeichermedium bzw. Wasserstofftanks	verpflichtend
Wintergarten	fakultativ
Outdoorgarten	fakultativ

Home Office

Das Heimbüro wird in den nächsten Jahrzehnten einen außerordentlich hohen Stellenwert haben. Bedenkt man, dass beispielsweise in den USA mehr als 20 % der Arbeitnehmer zumindest zwei Tage in der Woche in ihrem Home Office arbeiten, mit steigender Tendenz, lässt dies erkennen, wie wichtig diese Räumlichkeit zukünftig auch in Europa wird. Neue Angebote werden den Home-Office-Markt beleben. In den USA werden beispielsweise Container offeriert, die ein fertig ausgestattetes Büro beinhalten. Auf Wunsch wird dieser Bürocontainer nicht nur neben dem Haus abgestellt, sondern auch mit einem überdachten Zugang zum Wohngebäude versehen. Wenn auch diese Art von Arbeitsraumerweiterung nach europäischem Muster nicht allzu sympathisch erscheint, sollte dieses Beispiel den wachsenden Markt für Heimbüros verdeutlichen.

Dass Arbeiten zu Hause für viele eine interessante und produktive Alternative sein kann, zeigt eine weitere Studie aus den USA. 50 bis 60 % der Arbeitnehmer erbringen eine höhere Leistung, wenn sie im Home Office arbeiten, 20 % sind dafür ungeeignet, da sie den externen sozialen Kontakt brauchen, um den gewünschten Leistungspegel zu erzielen. Eine rein intrinsische Motivation ist dieser Zielgruppe zu wenig. Die restlichen 20% sind durch die Arbeit im Home Office akut gefährdet, da sie von ihrer Aufgabe und dem Computer kaum mehr Abstand bekommen. Arbeitszeiten von 12 Stunden pro Tag und mehr und das bis spät nachts sind keine Seltenheit.

Refreshing- und Gesundheitsraum

Soziodemographisch betrachtet wird im Jahr 2000 jeder fünfte Deutsche und Österreicher über 60 Jahre alt sein. Das Gesundheitsbewusstsein ist bei dieser Zielgruppe außerordentlich stark ausgeprägt. Eine große Bedeutung wird im Bad von morgen eine Sauna mit integrierter Dampfkabine haben. Der Flächenbedarf dazu beträgt je nach Ausstattungsvariante zwischen 4 und maximal 6 m^2. Diese Infrastruktur würde insbesondere auch dem verstärkten Hygiene- und Sauberkeitsbedürfnis der älteren Zielgruppe förderlich sein. Dass diese Art von Ausstattung für nahezu alle Altersgruppen attraktiv wirkt, ist leicht nachvollziehbar. Bedenkt man die geringen Investitionskosten, die für ein Bad als Refreshing- und Gesundheitsraum notwendig sind, und stellt man den Mehrwert, der mit diesem Ausstattungspaket erzielbar ist, gegenüber, so ist es schwer verständlich, dass die Kombination Sauna und Dampfbad bis dato kaum angeboten wird.

Refreshing im Bad kann auch mit Musik verbunden sein. In den meisten Bädern ist es schwierig, einen Radiorecorder zu platzieren. Ähnlich wie in Hotels, wo das Badezimmer mit Lautsprechern bestückt ist, kann solch eine Ausstattung mit geringfügigen Mehrkosten im privaten Bereich umgesetzt werden. Ein Vergleich mit dem mobilen Kokon zeigt, jedes Auto hat heute bereits eingebaute Lautsprecher, die meisten Bäder nicht. Das Bad wird zukünftig stärker zum mentalen Regenerationsraum. So wie die Japaner mit ihren Autos in den 70er und 80er Jahren in Europa mit vielen kleinen Features, die das Fahrvergnügen versüßten, Erfolg hatten, könnten in Analogie dazu eine Menge von kleinen Features im Refreshing-Bad der Zukunft eingesetzt werden.

Dass der Convenience beispielsweise bei Badearmaturen oft zu wünschen übrig lässt, zeigt nachfolgendes Beispiel: Es zeigt sich, dass Senioren Probleme bei der Bedienung von Wassermischarmaturen haben. Größere Tasten, ähnlich wie man sie bei einem Lift betätigt, um auf- oder abwärts zu fahren, würden von Senioren und nicht nur von diesen bevorzugt. Viele Möglichkeiten stecken auch im Detail, um eine zukunftsorientierte und bedürfnisgerechte Ausstattung vorzusehen.

Gäste- und Repräsentationsraum

Nachdem freundschaftliche Beziehungen immer wichtiger werden, ist auch ein Gäste- und Repräsentationsraum von hoher Bedeutung. Diese Räumlichkeit ist nicht nur Kommunikationsdrehscheibe des Kokons, sondern auch Zentrum der Unterhaltungselektronik, wo die Angebotspalette eine Vielzahl von neuen Möglichkeiten, wie Online-Home-Video, Home Shopping und Cyberspace, beinhalten wird.

Das Bewirten von Gästen wird zukünftig an Stellenwert gewinnen, wobei die Gastgeber entweder diese Rolle persönlich wahrnehmen oder Hauszustelldienste, die das Buffet bzw. Pizzas direkt anliefern. Klar unterscheiden die Deutschen bei Einladungen zwischen Verwandten und Freunden. Der Beliebtheitsgrad der Verwandten steigt mit der Entfernung in Kilometern.

Küche

Bezug nehmend auf das neue Konsumentenverhalten ist die Küche flächenmäßig zukünftig kleiner auszulegen als bisher. Der technische Ausstattungsgrad soll jedoch top sein. Convenience-Produkte also halb vorgefertigte oder fertige Menüs werden in Zukunft weiter an Marktanteil gewinnen.

Ursachen dafür sind der subjektive Zeitmangel der Menschen, die zunehmende Anzahl der Singlehaushalte aber auch die immer geringer werdende Fähigkeit und Bereitschaft von Frau und Mann, vor dem Besteck auch den Kochlöffel zur Hand zu nehmen. Ein hoher Automatisationsgrad für die weniger gewordene Küchenarbeit wird dennoch gewünscht. Alles was Zeitgewinn im Küchenbereich schafft, wird als attraktiv empfunden. Die reduzierte Küchenfläche wird umgeschichtet auf das Home Office oder Refreshing-Bad.

WC mit Regenwasserbetrieb

Bedenkt man, dass eines der ganz knappen Güter dieser Erde Trinkwasser ist, dann stellt es einen absoluten Luxus dar, die Toiletteanlagen mit diesem knappen Gut zu betreiben. Das WC mit Regenwasserbetrieb setzt ein duales Wasserleitungssystem im Haus- und Wohnbau voraus. Auch hier liegen große Märkte mit Zukunft brach.

Um diese Marktchancen nachhaltig für die Wirtschaft heben zu können, sind jedoch gesetzliche Rahmenbedingungen notwendig, die ein duales Wasserleitungssystem zwingend vorschreiben. Wie Ernst Ulrich von Weizsäcker treffend herausstrich, kann manche ökologisch notwendige Maßnahme nicht durch die Kraft des freien Marktes erreicht werden. Namhafte Experten sind sich einig, dass in Zukunft neue Krisenherde durch zu knappes Trinkwasser entstehen werden. Umso höher ist die Verantwortung, mit diesem wertvollen Gut überlegt und sparsam umzugehen.

Multifunktionales Schlafzimmer

Dieser Name soll nicht nur die Fantasie des Lesers anregen, sondern auch den Relaxing-Anspruch und die Notwendigkeit eines körperlichen und geistigen Fitnessraumes herausstreichen. Das Schlafzimmer der Zukunft könnte hier Ausstattungsvarianten bieten, die wiederum mit geringem Aufwand einen großen Nutzenradius erzielen können.

Kinderzimmer

Da die durchschnittliche Haushaltsgröße in Deutschland wie in Österreich bei 2,7 Personen liegt, Tendenz weiter abnehmend, ist meist ein Kinderzimmer ausreichend. Nachdem die Kids im Kommunikations- und Informationszeitalter aufwachsen, wird der PC zukünftig zum Standardausstattungspaket zählen. Ein Modem bzw. ISDN-Anschluss wird nach der Jahrtausendwende verstärkt gewünscht.

Das Plusenergiehaus

Die eigentliche Revolution im Haus- und Wohnbau mit Zukunft wird aber die Energieversorgung sein. Bereits heute ist es problemlos technisch möglich, nicht nur ein Niedrigenergiehaus, sondern ein Plusenergiehaus zu bauen und zu betreiben. Das bedeutet, dass über Fotovoltaik pro Jahr im Durchschnitt mehr Strom produziert wird, als die jeweilige Wohnungseinheit oder das Haus verbrauchen kann. Der Trendsetter in diesem Zusammenhang ist Professor Amory Lovins, der mit seinem Rocky Mountain Institute in Colorado bereits mit der Bautechnologie von 1983/84 gezeigt hat, wie man Energiegewinnen und Energiesparen mit hoher Wohnqualität verbinden kann. Was in den 80er Jahren möglich war, muss zu Beginn des dritten Jahrtausends erst recht zu schaffen sein. Die Symbiose aus Fotovoltaik, leistungsfähigen Speichermedien für den Fotovoltaikstrom, die in kleinen Energiezentralen im Keller untergebracht werden, oder Wasserstofftanks, die entweder im Indoor- oder Outdoorbereich aufgestellt werden können, wird das zukünftige Energieausstattungsgrundpaket darstellen. Weiters muss die Möglichkeit geschaffen werden, den Stromüberschuss gegen attraktive Preise in das öffentliche Netz liefern zu können. Das Plusenergiehaus wird den Trend zum Dezentralismus weiter stärken und nicht mehr zu stoppen sein. Die Frage ist: Möchte man diese Entwicklung positiv benachdrucken oder möglichst lange bremsen? Im Sinne einer verantwortungsvollen Politik und auch einer ökologischorientierten Wirtschaft sollte sehr rasch eine offensive Innovationsstrategie eingeleitet werden.

Der Stellenwert des zukunftsorientierten Haus- und Wohnbaus

Zusammengefasst kann gesagt werden, dass das Haus bzw. die Wohnung bis zum Jahr 2010 weiter an Bedeutung gewinnen wird. Die Baubranche hat die Möglichkeit, durch einen Innovationsquantensprung neue Märkte mit Zukunft zu schaffen. Accessoires, die die Lebensqualität im Indoor- oder Outdoorbereich erhöhen, werden an Stellenwert gewinnen. Die Einrichtungsbranche wird daraus in den nächsten Jahren stark profitieren. Auch wenn der Garten nur ein paar Quadratmeter umfasst, möchten die Menschen in Zukunft immer weniger darauf verzichten, zumal das Bedürfnis Back-to-the-Roots noch stärker werden wird. Wintergärten werden sich einer wachsenden Nachfrage erfreuen, zumal sie nicht ohnedies schon als fix vorgesehene Bestandteile bei der Nutzung der passiven Solarenergie eingeplant sind. Mit Hilfe von Solarkollektoren beheizbare Swimmingpools werden zu den wachsenden Märkten zählen.

Die Bauwirtschaft hat der Autoindustrie für den kommenden enormen Innovationsschub in der Tat zu danken. Durch die neuen Antriebstechniken, die den Einsatz von erneuerbaren Energien erstmals in breitester Form ermöglichen, erhält der zukunftsorientierte Haus- und Wohnbau eine gänzlich neue Dimension. In Zukunft wird erstmalig jeder Haushalt seine eigene Tankstelle quasi vor der Haustür haben. Die Konsumenten, die ein Hybridauto fahren, werden die Batterien über den selbsterzeugten Solarstrom auftanken können. Wasserstoffbetriebene Pkws werden die Energie aus hauseigenen Wasserstofftanks beziehen. Die intelligenten Technologien und die neuen Motorenkonzepte der Autoindustrie leiten eine neue Epoche in der Bauwirtschaft ein.

Eine wesentliche Voraussetzung, um Märkte mit Zukunft in der Baubranche rasch zu heben, sind gesetzliche Rahmenbedingungen, die beispielsweise vorschreiben, dass jeder Neubau ein Mindestmaß an Fotovoltaikdachziegeln vorsehen muss. Ein Blick nach Japan bzw. in die USA zeigt, dass das 100.000 bzw. 1-Million-Dächerprogramm, mit dem die Fotovoltaik im Hausbau nachhaltig gefördert wird, ein erfreuliches Marktwachstum nachhaltig schafft.

Um die Konsumenten nicht über Gebühr finanziell zu belasten, sind zusätzlich Finanzierungsmodelle vorzusehen, die eine richtungweisende Weichenstellung für den zukunftsorientierten Haus- und Wohnbau auch umsetzbar machen.

Weitere ausgewählte Märkte aus der Bauwirtschaft

Nachfolgend weitere ausgewählte Märkte aus der Bauwirtschaft, die der bereits bekannten Markttypologie aus dem Marketing zugeführt werden. Die Betrachtungsweise konzentriert sich dabei auf den Hochbau, der Tiefbau wurde ausgespart.

Marktentwicklung bis zum Jahr 2005

Renovierung und Sanierung	**wachsend/boomend**
Geschäftslokale in City A1-Lagen	**stabil**
Geschäftslokale in City A2-, B- und C-Lagen	**rückläufig**
Top-Einkaufszentren	**wachsend**
Einkaufszentren mit geringer Attraktivitätsausstrahlung	**rückläufig**
Lagerhallen und -flächen mit Grundnutzen	**rückläufig**
Lagerhallen und -flächen mit Zusatznutzen	**steigend**
Bürogebäude	**rückläufig**
Landwirtschaftlicher Nutzbau	**rückläufig**
Bautätigkeit der öffentlichen Hand	**rückläufig**
Nischenobjektbau z. B. Seniorenheime	**boomend**

Renovierung und Sanierung

Die Baubranche steht nach Ansicht des Bundes deutscher Architekten vor einem nachhaltigen Wandel. Der Trend zeigt vom Neubau zum Altbau. Durch die Renovierung und Sanierung von bestehenden Wohnungen und Bürogebäuden könnten allein in Deutschland, so die Ansicht der deutschen Architekten, rund 1 Mio. neue Arbeitsplätze entstehen. Während beim Neubau der Faktor Arbeit 30 % des Gesamtvolumens ausmacht, sind es bei der Hausmodernisierung 70 %.

Nicht berücksichtigt sind hier die möglichen bzw. notwendigen Innovationsschübe durch das Plusenergiehaus. Richtungweisend wäre bei der Modernisierung der bestehenden Bausubstanzen eine Art Bonus-Malus-System für Architekten. Wenn ein Gebäude ineffizient modernisiert wird, sodass Wasser und Strom verschwendet und damit der Allgemeinheit unnötige Kosten aufgebürdet werden, müsste dem Bauherrn ein Malus auferlegt werden. Je ineffizienter das Gebäude ist, desto höher fällt der Malus aus. Dieser Geldbetrag sollte in eine Kassa einbezahlt werden, aus der diejenigen Bauherren, die sehr effiziente Häuser bauen, einen Bonus ausbezahlt bekommen.

Ein valides Bewertungsmodell ist dafür zu entwickeln. Erste Beispiele dazu gibt es bereits in einzelnen US-Bundesstaaten. In Michigan hat der Architekt des Hilton Hotels in Novi einen Nachlass von 70.000 Dollar auf die Anschlussgebühr für das 300-Betten-Hotel erhalten, weil er Wasser sparende Armaturen anbringen ließ, die 70 % weniger Wasser verbrauchen und damit die kommunale Wasserversorgung weniger belasten. Dieses Beispiel zeigt, dass neues Denken neue Märkte schafft.

Wenn ein Bonus-Malus-System im Kfz-Versicherungsbereich funktioniert, warum sollte es dann nicht auch in der Bauwirtschaft möglich sein?

Geschäftslokale

Geschäftslokale in der City stehen wegen des neuen Konkurrenzumfeldes, verursacht durch die Einkaufszentren an der Peripherie, einem veränderten Nachfragebild gegenüber. A1-Geschäftslokale werden in der City weiterhin ein aktives Nachfragepotenzial haben, wenngleich die Mietpreise in vielen Fällen relativ stabil bleiben oder überhöhte Preise nach unten angepasst werden müssen. Mit Sicherheit sind überproportional steigende Mietpreise an diesen Standorten zukünftig auszuschließen. Anders die Situation bei City-Geschäftslokalen in A2-, B- und C-Lagen. Die Nachfrage nach diesen Standorten wird zurückgehen. Die Folge wird ein weiterer Preisdruck auf die Mietpreise sein. Grundsätzlich gilt für die meisten Cities, dass sie in den nächsten Jahren weiter Kaufkraft an die Peripherie und an neue Vertriebsformen abgeben werden müssen. Wobei gewisse Filter beim Einkauf, wie zu wenig Parkplätze, Nebenkosten durch Parkgebühren, geringerer Conveniencegrad beim Einkauf u.a.m., dafür mitverantwortlich sind. Unternehmer werden eine neue Flexibilität in der Standortdefinition und ein hohes Maß an Aufgeschlossenheit für neue Vertriebsformen brauchen, wollen sie weiterhin erfolgreich sein.

Einkaufszentren

Bestehende Einkaufszentren, die zukunftsorientiert geführt werden, werden durch das Andocken von leistungsfähigen Attraktivitätsfaktoren weiter an Ausstrahlungskraft gewinnen. Durch einen attraktiven Branchenmix, die Hereinnahme von Handelsgeschäften mit Magnetwirkung und hoher Markenkraft, das Bieten von zusätzlichen Erlebnisdimensionen wie Kinozentren, Unterhaltungsparks u. a. m., aber auch das Herausstreichen von Serviceleistungen wie überdachte Gratisparkplätze, werden die Einkaufszentren zu den Marktanteilsgewinnern im Handel gehören. Die Shopping Cities, die keine oder zu wenige zusätzliche Attraktivitätsfaktoren vorsehen, werden ähnlich wie in den USA vom Zusperren bedroht sein. Eine restriktive Politik wird weiterhin versuchen, den Bau von neuen Einkaufszentren zu verhindern. Übersehen wird dabei, dass durch solche Maßnahmen der herkömmliche stationäre Handel nicht auf Dauer geschützt werden kann, da die Konsumenten zu flexibel sind und auf neue Vertriebsformen, die vorwiegend über neue Medien ermöglicht werden, ausweichen werden.

Lagerhallen und Lagerflächen

Der Trend zur Miniaturisierung schreitet weiter voran. Die Konsequenz daraus ist, dass die Produkte immer kleiner und leichter werden. Ein Beispiel dazu aus der EDV-Branche: Hatte eine Cartridge mit 44 oder 88 MB eine Größe von 13,5 x 13,5 cm, so misst heute eine Jaz-Disc mit 1 Gigabyte Speicherleistung nur mehr 10 x 10 cm. Die Leistung des EDV-Speichermediums der neuen Generation wurde um das 10- bis 20fache gesteigert, die Größe hat sich hingegen um 45 % verringert.

Dass solche Produktentwicklungen, die sich in nahezu allen Branchen vollziehen, Auswirkungen auf den Bedarf an Lagerhallen und Lagerflächen haben, ist leicht nachvollziehbar. Lagerhallen, die nur einen Grundnutzen bieten, werden in Zukunft schwieriger zu vermieten bzw. zu verkaufen sein. Anders die Situation bei Lagerhallen und Lagerflächen, die eine hohe Wertschöpfung bieten. Diese kann beispielsweise durch technische Features abgeleitet werden. Lager mit Kühlung werden durch den stark steigenden Anteil von Frischwaren und Tiefkühlprodukten eine wachsende Nachfrage erfahren. Eine höhere Wertschöpfung könnte auch durch angedockte neue Dienstleistungen gefunden werden. Lagerhallen und Lagerflächen, die für Kunden bzw. Branchen interessante Zusatznutzenkategorien bieten, werden sich in den nächsten Jahren der rückläufigen Nachfrage entziehen können.

Bürogebäude

In den Großstädten Deutschlands und Österreichs stehen zwischen 10 und 20% der Bürogebäude leer. Allein in Berlin summierte sich 1996 der durch leer stehende Büroflächen verursachte Mietausfall auf rund 1 Mrd. DM. Zukunftsbranchen wie die Telekommunikation oder Neue Medien verlangen keine Gebäudehüllen und Büroräume alten Stils, sondern durchdachte und flexibel nutzbare Bauwerke. Diese Branchen beanspruchen zudem weniger Büroflächen als ursprünglich erwartet. Die rückläufige Marktentwicklung bei Bürogebäuden wird sich in den nächsten Jahren kaum umkehren.

Immer mehr Unternehmen gehen dazu über, Niederlassungsleitern, Vertriebschefs, aber auch dem oberen und mittleren Management die Möglichkeit zu bieten, ihre Jobs zumindest zum Teil im privaten Home Office auszuüben. Da die immer leistungsfähiger werdenden Informationstechnologien räumliche Entfernungen problemlos überwindbar machen, wird sich die Entwicklung, dass Bürogebäude zukünftig einer rückläufigen Nachfrage entgegengehen, fortsetzen. Bestenfalls ist mit einem stabilen Marktvolumen zu rechnen. Ausgenommen davon sind, so wie die Einkaufzentren, die Business-Parks der neuen Generation. Ein Überziehen der Mietpreisspirale könnte die wachsende Nachfrage rasch umkehren.

Landwirtschaftlicher Nutzbau

Im angestammten Kerngeschäft wird sich die Investitionsbereitschaft und -fähigkeit den Marktbedingungen anpassen. Nachdem die klassischen landwirtschaftlichen Märkte mengen- und wertmäßig rückläufig sind, ist auch in den nächsten Jahren mit einer schwachen Bautätigkeit zu rechnen. Ausgenommen von dieser Entwicklung sind Betriebe, die sich auf chancenreiche Nischen mit hoher Wertschöpfung bzw. auf High Tech ausrichten.

Bautätigkeit der öffentlichen Hand

Aufgrund des chronischen Geldmangels wird zukünftig aus diesem Titel eine rückläufige, im besten Fall stabile Nachfrageentwicklung zu erwarten sein. Durch Ausgliederungen, Errichtung von neuen Finanzierungsgesellschaften bzw. -formen, weitere Privatisierungen wird man zukünftig versuchen, die rückläufige Bautätigkeit der öffentlichen Hand abzufedern. Realistisch betrachtet wird dabei die Neubautätigkeit in den nächsten Jahren rückläufig sein, im Renovierungs- und Sanierungsbereich könnte hingegen ein leichtes Wachstum verzeichnet werden.

Nischenobjektbau – Seniorenheime

Bedenkt man, dass die Großfamilie im deutschsprachigen Europa nur mehr einen geringen Anteil hat, die Singlehaushalte nahezu 40 % der Gesamthaushalte ausmachen und allein in Deutschland, Österreich und der Schweiz im Jahr 2000 rund 20 Millionen Menschen über 60 Jahre alt sein werden, lässt sich erahnen, dass der Markt Seniorenheime in Zukunft boomen wird. Der Konzeption dieser Baulichkeiten wird dabei mehr Kreativität als bisher abverlangt werden. So zeigen beispielsweise Studien aus den USA, dass die Depressionsrate, der Medikamentenverbrauch und die ärztliche Betreuungsnotwendigkeit signifikant geringer sind, wenn ältere Menschen öfter mit Tieren Kontakt haben. Projekte, wo unterschiedliche Haustiergattungen in Seniorenheimen als integraler Bestandteil vorgesehen werden, entwickeln sich zu viel versprechenden Modellen.

Landwirtschaft hat Zukunft – aus der Defensive in die Offensive

Die Landwirtschaft hat den größten Strukturwandel bereits hinter sich. In etwa 5 Jahren könnte die über Jahrzehnte hindurch andauernde Defensivstrategie durch eine Offensivstrategie ersetzt werden. Jede Volkswirtschaft und jeder Wirtschaftsraum braucht eine leistungsfähige Landwirtschaft. Den Landwirten müssen zukunftsorientierte Instrumente in die Hand gegeben werden, damit sie im immer härter werdenden internationalen Wettbewerb erfolgreich bestehen können.

Obwohl nur rund 3 % der Beschäftigten in der Landwirtschaft tätig sind, wendet die Europäische Union mehr als 80 % ihres Budgets für Agrarzuschüsse auf. Dass dieses große Förderungsvolumen – insbesondere von anderen Wirtschaftsbereichen – immer kritischer hinterfragt werden wird, ist vorhersehbar.

Attraktive Umsätze und Deckungsbeiträge können auch in dieser Branche nur dann erwirtschaftet werden, wenn ihre Wertschöpfung signifikant gesteigert wird. Solange Landwirte vorwiegend Rohstoffe wie Getreide oder Fleisch produzieren, werden sie immer austauschbar bleiben und dem Preisdruck, den die internationalen Märkte vorgeben, kaum entrinnen können.

Neben der Frage, wodurch eine hohe Wertschöpfung in der Landwirtschaft erzielt werden kann, sind auch die Fragen eines zukunftsorientierten Portfolios im bäuerlichen Betrieb zu klären.

So wie jedes Unternehmen einen attraktiven Produkt- bzw. Sortimentsmix braucht, stellt sich diese Aufgabe auch für jeden landwirtschaftlichen Betrieb. In den nächsten Jahren wird es entscheidend sein, dass sich die Landwirte zum einen weiter auf ihr Kerngeschäft konzentrieren und dieses rationell führen. Dabei sollten hohe Investitionen im landwirtschaftlichen Kerngeschäft sehr genau überlegt und streng hinterfragt werden. Zum anderen sollten die finanziellen Ressourcen und Teile der Reserven für neue Produkte mit hoher Wertschöpfung reserviert werden. In den nächsten Jahren wird es die Solarenergie-Technik ermöglichen, dass Landwirte mit neuen Generationen von Foltovoltaikdachziegeln und -zellen, die sie beispielsweise auf bzw. neben ihrem Vierkanthof anbringen, Strom erzeugen. Diese Technik wird nach der Jahrtausendwende so weit gereift sein, dass ein Bauernhof ein Vielfaches an elektrischer Energie produzieren kann, als sein Betrieb Vorort verbrauchen kann. Die erzeugte Überschussenergie wird in das öffentliche Netz eingespeist und zu einem noch auszuhandelnden, hoffentlich attraktiven Kilowattpreis entlohnt. Nachdem die Interessenvertretungen der Landwirtschaft in Förderungsverhandlungen ein hohes Erfahrungspotenzial haben, ist es nicht unwahrscheinlich, dass interessante Einspeistarife ausverhandelt werden. Bedenkt man, dass es in Deutschland einige Bundesländer gibt, wo für ein Kilowatt Strom, gewonnen aus Fotovoltaik, ein Preis von 2 DM bezahlt wird, in Kärnten 10 ÖS dafür ausbezahlt werden, dann sind das erste hoffnungsvolle Anzeichen, die ein Szenario, wo erneuerbare Energie forciert wird, als realistisch erscheinen lassen.

Berücksichtigt man zusätzlich, dass die Agrarförderungen der EU teilweise für die Umstellung der Landwirtschaft auf Fotovoltaik verfügbar gemacht werden könnten, ist die Erfolgswahrscheinlichkeit eines obig skizzierten Szenarios durchaus als realistisch einzustufen. Auch gesellschaftlich würde eine Agrarförderungsumstellung in Märkte mit Zukunft Sinn machen. Die Prämien, die derzeit für Brachland ausbezahlt werden, irritieren nicht nur die Öffentlichkeit, sondern auch viele Landwirte. Es widerspricht jedem Leistungsprinzip, dass Geld ausbezahlt wird, ohne dass eine aktive Gegenleistung erbracht werden muss.

Eine andere Alternative zum Energie produzierenden Landwirt mit Zukunft inklusive einer hoher Wertschöpfung bietet die Windenergie. Gerade in Bergbaugebieten kann dadurch ein wertvolles und zusätzliches Standbein in der Betriebsführung aufgebaut werden. Neue Biotechnologien werden zusätzlich die Basis für Produktinnovationen schaffen. So arbeitet derzeit die Forschung intensiv daran, Pflanzen zu züchten, die in der Lage sind, eine überproportionale Menge an CO_2 zu binden, um damit dem Treibhauseffekt entgegenzuwirken. Solche Innovationen bieten ein zusätzliches Chancenpotenzial, sind aber auf Nebenwirkungen im Detail zu prüfen. Im Jahr 2005 könnten immer mehr landwirtschaftliche Betriebe nachfolgendes Unternehmensportfolio haben.

Zukunftsorientiertes Portfolio für landwirtschaftliche Betriebe im Jahr 2005

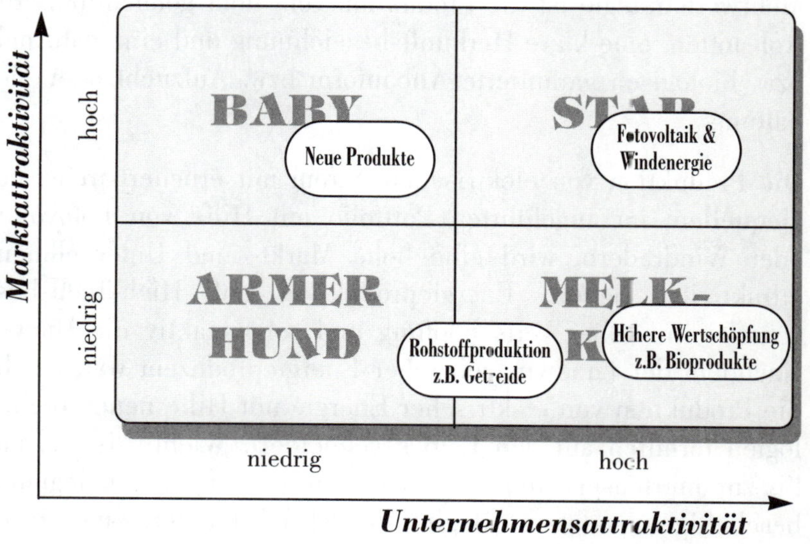

Portfolio-Kommentar

So wie jedes Unternehmen auf mehreren Standbeinen stehen muss und eine Risikostreuung im Kunden- und Produkt-Portfolio braucht, gilt Gleiches auch für die Landwirtschaft. Im Jahr 2005 könnte beispielsweise ein landwirtschaftlicher Betrieb drei Geschäftsfelder im dargestellten Portfolio haben. Erstens das angestammte Kerngeschäft, wo rationell Menge produziert wird, z.B. Getreide, Mais o.a.m. Die Preise, die hier erzielt werden, werden von den internationalen Märkten im Wesentlichen vorgegeben. Die Erträge sind relativ gering, jedoch hilft dieses Standbein, einen Teil der Fixkosten mitabzudecken.

Das zweite strategische Geschäftsfeld, Rohstoffproduktion mit qualitativer Wertschöpfung und höheren Preisen bzw. Erträgen, wird primär in der Lebensmittelproduktion durch garantiert naturnahe Produkte bzw. Bioprodukte möglich. Voraussetzung für diese Mehrwertstrategie ist die Produktion von nicht genmanipulierten Rohstoffen, eine klare Herkunftsbezeichnung und eine naturnahe bzw. biologisch garantierte Anbauform bzw. Aufzucht oder Tierhaltung.

Die Produktion von elektrischem Strom mit erneuerbaren Energiequellen, im angeführten Portfolio mit Hilfe von Fotovoltaik oder Windrädern, wird eine hohe Markt- und Unternehmensattraktivität haben. Energieproduktion auf High-Tech-Basis schafft eine hohe Wertschöpfung und schont aktiv die Umwelt. Nachdem der Landwirt seit jeher Energieproduzent war, ist ihm die Produktion von elektrischer Energie mit Hilfe neuer Technologien förmlich auf den Leib geschneidert. Wichtig ist es, sich bis zur Jahrtausendwende intensiv mit den neue Technologien zu beschäftigen, sodass zu Beginn des 21. Jahrhunderts auch in die richtigen Systeme investiert wird. Im skizzierten Portfolio wird die Wertschöpfung der landwirtschaftlichen Leistung signifikant gesteigert. Dies würde zum einen einen sicheren Ertrag bringen und zum anderen auch eine positive Imageausstrahlung erzeugen. Die landwirtschaftlichen Interessenvertretungen würden ihrer Branche sehr viel Gutes tun, wenn sie die Fotovoltaik- und Windenergiestrategie mit voller Kraft unterstützen würden.

Mit solch einer richtungweisenden Strategie würden auch immer mehr junge Menschen bereit sein, den landwirtschaftlichen Betrieb weiterzuführen. Die enormen Nebenleistungen, die die bäuerlichen Betriebe durch die Landschaftspflege erbringen, wären damit auf Dauer gesichert. Die über Jahrzehnte hindurch praktizierte Rückzugsstrategie in der Landwirtschaft könnte in den nächsten Jahren durch eine zukunftsorientierte Vorwärtsstrategie abgelöst werden.

Privater Konsum und Märkte mit Zukunft

Im Nachfolgenden werden anhand der bekannten Markttypologie aus dem Marketing die wesentlichen Märkte im privaten Konsum kurz kommentiert und die Entwicklung der Märkte bis zum Jahr 2005 im Überblick skizziert. Die Betrachtung fokussiert sich auf den deutschsprachigen Raum der EU.

Zu beachten ist, dass es in einem Gesamtmarkt, der beispielsweise rückläufig ist, durchaus Marktsegmente geben kann, die wachsen oder boomen. Daher werden in der Regel die jeweiligen Märkte im Gesamten betrachtet und in weiterer Folge einzelne Segmente, die entweder sehr positive oder negative Entwicklungen aufzeigen werden kurz skizziert.

In Deutschland wie auch in Österreich hat der private Konsum einen Anteil von rund 55 % am Bruttoinlandsprodukt. Dieses betrug in Deutschland 1995 rund 2.640 Mrd. DM, der Anteil des privaten Konsums lag bei etwa 1.450 Mrd. DM. Österreich wies im gleichen Jahr ein Bruttoinlandsprodukt von 2.375 Mrd. ÖS aus, der private Konsum betrug rund 1.300 Mrd. ÖS.

Die Prognose der wichtigsten Märkte des privaten Konsums bezieht sich auf den Zeitraum von 1996 bis 2005. Die Betrachtung der Marktentwicklung ist wertmäßig.

Ein rückläufiger Markt liegt dann vor, wenn das wertmäßige Marktvolumen im Durchschnitt um mindestens 1,1 % pro Jahr abnimmt. Ein stabiler Markt erlaubt eine jährliche Schwankungsbandbreite von ± 1 % des wertmäßigen Marktvolumens. Ein wachsender Markt ist durch eine wertmäßige Mindestzunahme von 1,1 % pro Jahr charakterisiert.

Wesentliche Märkte aus dem privaten Konsum

Privater Konsum Österreich und Deutschland	**Wertmäßige Marktentwicklung bis 2005**
Nahrungsmittel/Getränke	stabil
Tabakwaren	rückläufig
Bekleidung	rückläufig
Schuhe	rückläufig
Wohnungsnutzung	stabil
Heizung/Beleuchtung	wachsend
Einrichtung/Haushaltsführung	wachsend
Körper- und Gesundheitspflege	wachsend
Verkehr	wachsend
Nachrichten	boomend
Bildung/Unterhaltung	wachsend
Weitere Märkte	
Sicherheit	wachsend
Gesundheit	wachsend
Tourismus	rückläufig
Gastronomie	rückläufig

Nahrungsmittel und Getränke

Trendanalysen zeigen, dass 1970 rund ein Drittel des privaten Konsums in Deutschland und Österreich auf Essen und Trinken entfielen. 1995 waren es nur mehr etwa 17 %. Da der private Konsum sich in absoluten Beträgen betrachtet im gleichen Zeitraum insgesamt versechsfachte, konnte der prozentuell anteilige Rückgang von Nahrungsmitteln und Getränken damit mehr als kompensiert werden.

1996 zeichnete es sich erstmals ab, dass in Österreich wie in Deutschland ein reales Umsatzminus im Lebensmittelhandel von etwa 0,5 bis 1 % erreicht wurde. Ursachen dafür sind der Verdrängungswettbewerb im Handel, damit verbunden die aggressiven Verkaufspreise, neue Vertriebsformen, die Sparpakete, die einen mengenmäßigen rückläufigen Konsum in zahlreichen Segmenten verursachten.

Bis zum Jahr 2005 werden Nahrungsmittel und Getränke einen stabilen Markt darstellen. Nachfolgend einzelne Marktsegmente, die signifikante Entwicklungen zeigen und entweder an Bedeutung gewinnen oder verlieren werden.

Tiefkühlprodukte, halb fertige oder fertige Menüs und Convenience-Produkte im weitesten Sinne werden jährlich zweistellige Zuwachsraten verzeichnen und damit im stabilen Nahrungsmittel- und Getränkemarkt ein boomendes Marktsegment darstellen. Ethnic Food und regionale Spezialitäten werden dazu die Hitliste anführen. Das ist kein Widerspruch, sondern eine Bestätigung des Trends zur Polarität. Nachdem der internationale Tourismus weltweit weiter boomen wird, John Naisbitt bezeichnet ihn als bedeutendste Wirtschaftskraft und größten Arbeitgeber, ist das Wachstum an Ethnic Food nahezu vorprogrammiert. Die Kunden suchen das internationale Flair auch in ihrem Kokon. Convenience-Produkte aus den unterschiedlichsten Ländern dieser Erde werden diese Sehnsüchte miterfüllen. Gleichzeitig werden die regionalen Spezialitäten weiter an Bedeutung gewinnen. Insbesondere in Deutschland wird der Trend zur Region anhand von einem Beispiel immer wieder diskutiert. Auslöser dafür war ein Lieblingsdessert der Deutschen, das Erdbeerjogurt. Eine Studie von Stefanie Böge zeigt, wie viele Kilometer ein einziger Erdbeerjogurtbecher zurücklegt, bevor ihn der deutsche Konsument auf dem Tisch hat. Die Ingredienzien wie Erdbeeren, Zucker, Milch sind in Summe 4.500 Kilometer unterwegs, die Verpackung weitere 3.500 Kilometer. Das heißt, ein einziger Erdbeerjogurtbecher ist 8.000 Kilometer unterwegs, bevor ihn der deutsche Verbraucher genießen kann, und das 3 Mrd. Mal pro Jahr. Die viel diskutierte Frage heißt: Ist das nicht verrückt? Könnte nicht mehr in der Region produziert werden?

Ein weiteres Segment mit jährlichen zweistelligen Zuwachsraten werden fleischlose Produkte sein. Die Innovationskraft namhafter Unternehmen wird sehr stark in diese Richtung gebündelt, ein noch breiteres und tieferes Sortiment ist zu erwarten. Ein Blick in die Fast-Food-Branche zeigt, dass beispielsweise Burger King das Konzept des Getreide-Gemüse-Bratlings auf europäischer Ebene entwickelt hat – der sogenannte Country Burger. Studien zeigen, dass 58% der Verbraucher an diesem fleischlosen Artikel Interesse haben. Vor allem Frauen stellen eine potenzielle Zielgruppe für vegetarische Produkte dar. Bei Burger King erwartet man mittelfristig, dass der Getreide-Gemüse-Bratling 3 bis 5 % des gesamten Verkaufserlöses erwirtschaftet. Zwischen 7 und 10% Neukunden könnten mit diesem Produkt gefunden werden.

Auch McDonald's konzentriert seine Strategie sehr stark auf den fleischlosen Hamburger. Vegetarisches wird auch hier stark promotet.

Auslöser für den Boom bei fleischlosen Produkten war die BSE-Krise. Bis zu 50 % des Rindfleischmarktes sind innerhalb kürzester Zeit nach Bekanntwerden der Seuche in Deutschland und Österreich weggebrochen. Eine mittelfristige Erholung des Rindfleischmarktes ist nicht in Sicht. Sehr wohl kann ab 2005 durch gezielte Maßnahmen ein Turn around herbeigeführt werden. Kurzfristiger Gewinner innerhalb des roten Sortiments wird Schweinefleisch sein. Wenngleich die jüngst ausgebrochene Schweinepest in Holland und Deutschland eine nachhaltige Erholung des Fleischmarktes nicht erwarten lässt. Das rote Sortiment wird rückläufig sein, der Pro-Kopf-Konsum bei Fleisch wird unter die 60-kg-Marke fallen. Hingegen wird Geflügel, insbesondere Pute, mit jährlichen zweistelligen Zuwachsraten boomen, Huhn ein wachsendes Marktsegment darstellen.

Ab dem Jahr 2005 könnte durch die sehr großen Qualitätsanstrengungen im Fleischbereich ein positiver Nachfrage-Turnaround geschaffen werden. Voraussetzung dafür ist, dass man die BSE-Krise im Griff hat, eine Qualitätsproduktion mit Ursprungsgarantie und eine geschlossene Kette von der Aufzucht bis zum Schlachthof und zur Ladentheke garantieren kann. Wenn sich Fleisch als nicht genmanipuliertes Lebensmittel in Zukunft glaubhaft positionieren kann, dann ist ab 2005 mit einem wertmäßigen Marktwachstum im roten Sortiment zu rechnen.

Das derzeit erfreuliche Marktwachstum der fleischlosen Convenience-Produkte erfährt sein größtes Bedrohungspotenzial durch genmanipulierte Rohstoffe und Zusätze. Mehr als 80 % der deutschen und österreichischen Konsumenten lehnen genmanipulierte Lebensmittel ab. Die Krise könnte nach der Jahrtausendwende das vegetarische Sortiment treffen, wenn die genveränderten Lebensmittel nicht einer klaren Deklaration zugeführt werden und erste medizinische Expertisen verfügbar sind, in denen das bereits viel diskutierte Allergierisiko, das durch solche Lebensmittel bereits nachgewiesen wurde, aufs Neue bestätigt wird.

Da ein Verbot von genmanipulierten Rohstoffen und Zusätzen unwahrscheinlich ist, kann ein neues Segment entstehen. Lebensmittel und Getränke, die garantiert keine genveränderten Stoffe enthalten, werden ein Segment schaffen, das eine neue Mehrwertstrategie zulässt. Die Mehrheit der Kunden sucht Lebensmittel ohne Genmanipulation. Fehlt eine klare Deklaration von genmanipulierten Lebensmitteln, ohne dass gleichzeitig ein neues Segment aufgebaut wird, läuft die Lebensmittelbranche Gefahr, zur Minusbranche zu werden.

Neue Märkte werden durch sogenannte Nutritionals geschaffen. Das sind jene Produkte, die eine nachweisbare gesundheitsfördernde bzw. schützende Wirkung haben.

Verarbeitete Fischprodukte werden weiter an Bedeutung gewinnen. Frische Produkte werden generell einen wachsenden Markt vorfinden.

Die weiße Palette wird in den nächsten Jahren einen stabilen Markt vorfinden. Ein viel versprechendes Wachstumssegment kann frische Magermilch sein, da neueste Erkenntnisse aus der US-Medizinforschung zeigen, dass bei einem Frischmagermilchkonsum von 0,5 Liter pro Tag das Herzinfarktrisiko bei Erwachsenen signifikant sinkt. Mit einem offensiven Marketing, das dieses Gesundheitsfeature besonders herausstreicht, kann ein erfreuliches Marktwachstum gehoben werden. Käse wird bis 2005 einen wachsenden Markt darstellen. Dieser Bereich profitiert indirekt vom Trend zu fleischlosen Produkten.

Im Bereich des Konsumentenverhaltens zeigt sich, dass die Kunden ein Essverhalten an den Tag legen, das durch den Trend zur Polarität erklärbar ist. Entweder sie stillen sehr rasch und flüchtig ihr Hunger- bzw. Durstbedürfnis, oder sie nehmen sich Zeit und genießen. Von dieser Entwicklung profitieren die Snackprodukte. Negativ betroffen davon sind Lebensmittel, die eine lange Zubereitungszeit haben und ein gewisses Koch-Know-how erfordern.

Die neue Snackgeneration schafft einen attraktiven Markt, obwohl es ein ausgeprägtes Bedürfnis nach Abwechslung gibt. Innovative Snacks und solche, die den Gesundheitsaspekt unterstreichen, werden Marktanteile gewinnen. Das Marktwachstum wird sehr stark vom POS und von Zweitplatzierungen beeinflusst.

Ein rückläufiger Markt wird in Deutschland wie auch in Österreich in den nächsten Jahren die Babynahrung sein. Das Ende des Babybooms spiegelt sich in den Absatzziffern wider. Ein Ausweg für die Babynahrung produzierende Industrie könnten spezielle Lebensmittel für Senioren sein, die auf Basis der Babynahrung entwickelt werden, aber anders vermarktet werden müssen.

Trends zeigen, dass die Konsumenten von morgen helle Lebensmittel suchen. Dunkle Lebensmittel bzw. -verpackungen haben Filterwirkung. Produkte, die vertikal präsentiert werden, werden vom Konsumenten bevorzugt. Studien zeigen, dass beispielsweise Selleriestangen, die im Gemüsefach stehend präsentiert werden, signifikant öfter gekauft werden als solche, die liegend angeboten werden. Ein Berücksichtigen solcher Trends, die hier nur beispielhaft angeführt werden, trägt wesentlich zur Nachfrageentwicklung in der Lebensmittelbranche bei.

Der Getränkebereich wird aus der Sicht der Kunden primär durch drei Grunddimensionen geprägt: Gesundheit, Genuss und Convenience. Der alkoholfreie Getränkemarkt steht grundsätzlich einem freundlichen Wachstum gegenüber, wenngleich die großen und etablierten Getränkemarktsegmente stagnieren oder abbröckeln. Das Wachstum kommt aus neuen Segmenten wie Tee und Tea-and-Fruit-Getränke. 1996 kaufte in Deutschland jeder dritte Haushalt diese neue Getränkegeneration, womit das stärkste Marktwachstum verzeichnet worden ist. Märkte mit Zukunft im Getränkebereich sind auch Wässer mit Zusatz, die so genannten Wasserplus-Getränke. Neben den Energy Drinks werden die Functional Drinks ein zukünftiges Wachstum verzeichnen. Die Functional Drinks zeichnen sich dadurch aus, dass spezielle gesundheitswirksame Zusätze dem Getränk beigemengt werden. Auch Relaxing Drinks werden neue Märkte schaffen.

Bei den alkoholischen Getränken zeigt sich, dass Spirituosen stark rückläufig sind. Ausgenommen davon sind einige wenige starke Marken, die einen Mythos schaffen, der sehr oft auf traditionellen Werten basiert. Der Bier- und Weinkonsum wird zukünftig rückläufig sein, Mixgetränke werden diese Entwicklung nicht kompensieren können. Getränke, die genuss- und prestigeorientiert sind und wenig Alkohol beinhalten, werden zukünftig ein erfreuliches Marktwachstum aufweisen, zumal insbesondere die weibliche Zielgruppe eine solche Angebotsform wünscht.

Alkoholische Getränke werden von der jüngeren Zielgruppe tendenziell weniger nachgefragt werden. Immer mehr Menschen wechseln von der Droge Alkohol bzw. Tabak auf neue Drogenbereiche über, allen voran die junge Zielgruppe. Diese Besorgnis erregende Entwicklung wird die Gesellschaft nachhaltig beschäftigen.

Tabakwaren

Der Tabakwarenkonsum wird bis zum Jahr 2005 in Europa tendenziell rückläufig sein, wenngleich es einen Abtausch in der Nutzungsintensität und dem Nutzungsgrad unter den Geschlechtern gibt. Die Frauen werden tendenziell mehr Tabakwaren konsumieren, die Männer werden hingegen weniger rauchen. Hinzu kommt, dass ähnlich wie bei Alkohol starker Tabak weniger gefragt werden wird. Schonendes und genussvolles Rauchen wird stärker in den Vordergrund gestellt. Bei der chronischen Geldnot der öffentlichen Hand ist zu erwarten, dass Zigaretten, Zigarren und Pfeifentabak in Zukunft noch höher besteuert werden. Die Kontrollmechanismen an den Grenzen werden verstärkt, um den Tabakschmuggel einzudämmen. Neue gesetzliche Regelungen werden diese Maßnahmen unterstützen, wie zum Beispiel die Reduktion der Tabakmengen, die zollfrei insbesondere aus dem Osten eingeführt werden. Bis zum Jahr 2005 ist damit zu rechnen, dass der Tabakmarkt rückläufig sein wird.

Bekleidung

Von 1992 bis 1996 war der Bekleidungsmarkt in Deutschland und Österreich jährlich im Durchschnitt um etwa 3 % rückläufig. In den nächsten Jahren wird dieser Markt weiterhin leicht rückläufig sein. Ursachen dafür sind das veränderte Konsumentenverhalten sowie das Kommunikationsproblem dieser Branche, neue Trends in der Mode dem Kunden tatsächlich zu vermitteln. Hinzu kommt, dass der Konzentrationsprozess aggressive Preisangebote nach sich zieht, wodurch nicht nur der erzielbare Durchschnittsnetto sinkt, sondern auch die Margen tendenziell unter Druck geraten.

Das veränderte Konsumentenverhalten bewirkt beispielsweise, dass höherpreisige Marktsegmente in der Bekleidungsbranche mengenmäßig weniger nachgefragt werden. Ein typisches Beispiel dazu ist die klassische Herrenmode. Anzüge, die in den 70er und 80er Jahren eine Mussbekleidung im Businessbereich waren, sind in den späten 90er Jahren eher die Ausnahme geworden. Anstelle dessen gewinnt die günstigere saloppe, legere Mode Marktanteile. Der Trend zum Home Working und das verstärkte Sichzurückziehen in den Kokon auch in der Freizeit, wird den Stellenwert der Bekleidung in Zukunft weiter senken. Lediglich für Präsentationszwecke wird der Konsument in Zukunft bereit sein, eine höherpreisige Mode zu kaufen. Das gilt auch für die Damenmode, die immerhin mehr als 50 % des Bekleidungsumsatzes erwirtschaftet.

Die Amerikanisierung der Jugend wird auch im Bekleidungsbereich nachhaltige Spuren hinterlassen. Gewünscht werden starke US-Marken, die locker, leger zu tragen sind, aber trotzdem top wirken. Die Modebranche wird ihre Kunden von morgen nur dann bei der Stange halten können, wenn der Hauch der Amerikanisierung und damit starke US-Marken im Sortiment präsent sind und diese auch stark beworben werden.

Weil die Bevölkerungsentwicklung in Europa in den nächsten Jahren stagnieren wird, gleichzeitig die Ausgabebereitschaft der Kunden bei Bekleidung auch wegen der weiteren kommenden Sparpakete gedämpft sein wird und neue Vertriebsformen in dieser Branche zusätzlichen Konkurrenzdruck schaffen, wird dieser Markt rückläufig sein.

Ein Markt mit Zukunft wird nach der Jahrtausendwende Bekleidung mit Schutzfunktion vor aggressiven Umwelteinflüssen sein. Intelligente Materialien, die vor dem wachsenden Hautkrebsrisiko schützen, Schleier oder Schals mit Pollenfilter, die die Atemwege schützen, sind nur zwei Beispiele für Märkte mit Zukunft. Auch eine neue Generation von Kopfbedeckung wird nach der Jahrtausendwende an Stellenwert gewinnen. Was der mobile Kokon, sprich Auto, bereits als Zusatzfeature anbietet, nämlich Klimaanlagen mit Pollenfiltern, wird zukünftig auch die Bekleidungsindustrie beschäftigen.

Schuhe

Der Schuhmarkt wird in den nächsten Jahren sowohl mengen- als auch wertmäßig rückläufig sein. Trug beispielsweise in den 80er Jahren jeder Deutsche und Österreicher über 18 Jahre im Durchschnitt acht Paar unterschiedliche Schuhe pro Jahr, so ist diese Menge in den 90er Jahren auf sieben Paar gesunken. Das entspricht einem Minus von rund 13 %. Das oberflächlich gewordene Verhältnis der Konsumenten zur Bekleidung zeigt seine Wirkung auch im Schuhbereich. Nur starke Marken werden in diesem Markt eine Mehrwertstrategie schaffen. Die Kids in Deutschland wollen kein traditionelles Schuhwerk. Hingegen möchten 37 % der deutschen Kids Sportschuhe von Nike, 25 % von Adidas und 10 % von Reebok. Einen speziellen Stellenwert haben Goretex-Schuhe, die eine Transgenerationsmarkenkraft entwickeln konnten. Die Attraktivität dieses Markenschuhs strahlt auf alle Altersgruppen aus, nicht nur auf Kids. Spezialisten im Damen- und Herrenschuhbereich, die sich auf hohen Tragekomfort, Top-Design und einen echten USP konzentrieren, werden Segmente vorfinden, die durchaus ein viel versprechendes Wachstum haben werden. Eine spezielle Filterwirkung im Schuhmarkt bringt das verstärkte Sichzurückziehen in den Kokon.

Wohnungsnutzung

Nachdem die Immobilienpreise und die Mieten in den letzten Jahren kontinuierlich angestiegen sind und es zu Beginn der 90er Jahre zu einer partiellen Überhitzung der Preise kam, wird in den nächsten Jahren mit einem relativ stabilen wertmäßigen Wohnungsnutzungsmarkt zu rechnen sein. In diesem Szenario ist jedoch nicht berücksichtigt, dass bei einem eventuellen Scheitern des Euro die Menschen ihr Kapital vorwiegend in Immobilien, Gold und andere dauerhafte Güter investieren. Würde dieses Worst-Case-Szenario in Kraft treten, dann wäre zur Jahrtausendwende mit wachsenden Aufwendungen im Wohnungsnutzungsbereich zu rechnen.

Insbesondere Singles werden durch relativ hohe Mietpreise über Gebühr in ihren privaten Budgets belastet, daher wird diese Zielgruppe zukünftig verstärkt günstigere Mietpreise in Deutschland und Österreich einfordern. Nachdem bereits fast jeder vierte

Haushalt ein Einpersonenhaushalt ist, wird der Druck auf die Politik stärker, dem Wohnbaubereich neue geförderte Finanzierungsmodelle zur Verfügung zu stellen. Welche Anforderungen der Kokon von morgen erfüllen soll, finden Sie im Kapitel „Zukunftsorientierter Haus- und Wohnbau“.

Heizung und Beleuchtung

In den letzten 10 Jahren sind die Märkte für Heizung und Beleuchtung wertmäßig leicht gestiegen. Bis 2005 ist davon auszugehen, dass sich das Marktwachstum kontinuierlich fortsetzen wird. Zum einen werden die höheren Erdölpreise das Heizen in Zukunft verteuern. Zum anderen wird das Plusenergiehaus neue Märkte im Heizungsbereich schaffen. In Zeiten, wo die Energiepreise tendenziell steigen, wird ein aktives Energiesparen bei den Konsumenten an Bedeutung gewinnen. Energiesparlampen werden eine Renaissance erfahren. Dadurch, dass der Einrichtungsmarkt auch in Zukunft erfreuliche Wachstumsraten verzeichnen wird, der Stellenwert des Kokons weiter wächst, wird der Beleuchtungsmarkt unmittelbar davon profitieren.

Einrichtung und Haushaltsführung

Wie bereits im Kapitel „Zukunftsorientierter Haus- und Wohnbau“ ausführlich behandelt, wird die Einrichtungsbranche bis 2005 wachsende Märkte verzeichnen. Eine differenzierte Betrachtungsweise Bezug nehmend auf die zukunfts- und kundenorientierte Verteilung der Raumflächen wird zielführend sein. Helle Farben werden auch in Zukunft von den Konsumenten beim

Einrichtungsmobilar verstärkt nachgefragt. In Analogie zur Lebensmittelbranche werden dunkle Einrichtungsgegenstände kaum nachgefragt. Gleiches gilt für die Farbgebung der Wände und Böden. Die Kunden von morgen möchten möglichst naturnah leben, das heißt, Holzböden und Wände mit mineralischen Farbanstrichen werden weiter an Bedeutung gewinnen. Alles, was mit Chemie im weitesten Sinne zu tun hat, werden die Konsumenten verweigern. Einen immer stärker werdenden Motor für das Wachstum im Einrichtungsbereich stellen die Senioren, die im Alter zwischen 60 und 65 Jahre ihr Nest nochmals neu einrichten, dar. Im Bereich der Haushaltsgeräte und -führung werden die Märkte der weißen und braunen Ware relativ stabile Märkte vorfinden. Waschmaschinen, TV-Geräte, HiFi-Anlagen oder elektrische Haushaltsgeräte haben in Europa eine hohe Marktpenetration, sodass primär die Rem-Place-Märkte die zukünftigen Absatz- bzw. Umsatzpotenziale bilden. Hingegen werden leistungsfähige und sympathische Haushaltsroboter wie selbst fahrende Staubsauger, die mit einer ausgeklügelten Sensortechnik die Räumlichkeiten selbstständig reinigen, neue Märkte mit Zukunft darstellen. Haushaltshilfen und Aupair-Mädchen würden den Haushaltführungsmarkt zusätzlich beleben, vorausgesetzt die Rahmenbedingungen für die Teilzeitarbeit werden verbessert.

Körper- und Gesundheitspflege

Diese Märkte werden aufgrund der aggressiveren Umwelteinflüsse, des höheren Anteils an älteren Menschen, der Zunahme von Singles, aber auch eines geänderten Konsumentenverhaltens wachsen. Neue Produkte werden in diesem Zusammenhang die

Nachfrage weiter fördern. Im Bereich der Körperpflege werden insbesondere die Männer für das Marktwachstum verantwortlich sein. So ist erkennbar, dass die höchsten Zuwachsraten in der Kosmetik nicht durch Frauen, sondern durch das männliche Geschlecht verursacht werden. Der Rollenabtausch im Konsumentenverhalten zwischen Männern und Frauen, wie er sich beispielsweise beim Rauchen derzeit vollzieht, passiert in umgekehrter Form in der Kosmetik. Der Trend zum weiblichen Mann bzw. zur männlichen Frau setzt sich weiter fort.

Ein Organ des Menschen wird zukünftig besonders hohen Schutz und hohe Pflege benötigen, die Haut. Neben dem steigenden Hautkrebsrisiko durch die dünner werdende Ozonschicht werden zusätzlich neue Allergien auftreten, die einen boomenden Schutz- und Pflegemarkt schaffen. So betrug beispielsweise der Markt von Sonnenkosmetika 1995 in Deutschland 391 Mio. DM. 32,6 % der Sonnenkosmetika wurden in Drogeriemärkten abgesetzt, 24,3 % in Apotheken, 23,7 % schaffte der Lebensmitteleinzelhandel, den Rest Kauf- und Warenhäuser und andere Outlets. Die Nachfrage nach hohen Lichtschutzfaktoren boomt. Das Segment der Produkte mit Lichtschutzfaktor über 20 stieg 1995 um 58 % gegenüber dem Vorjahr, Tendenz weiter steigend.

Die aggressiver werdenden Umwelteinflüsse auf den Menschen werden eine aktive Gesundheitsvorsorge und -pflege notwendig machen und Märkte mit großem Wachstumspotenzial schaffen.

Der boomende Gesundheitsmarkt wird in einem eigenen Kapitel behandelt.

Verkehr

Der Individualverkehr, der Luftverkehr sowie Transporte per Lkw werden bis zum Jahr 2005 wachsende Märkte darstellen. Inwieweit der Personen- und Güterverkehr per Bahn dieses Wachstum mitvollziehen kann, ist fraglich. Der Individualverkehr wird bis zum Jahr 2005 europaweit im Durchschnitt eine 5%ige Zuwachsrate verzeichnen. Allein der Pkw-Bestand in Deutschland wird im Jahr 2010 50 Mio. Einheiten umfassen. Die öffentliche Hand wird im Bereich der Straßenneubauten den Anforderungen des wachsenden Marktes nicht mehr gerecht werden können. Die angespannte Budgetsituation wird trotz Ausgliederung von Finanzierungsgesellschaften für den Straßenbau in erster Linie das notwendige Renovieren und Sanieren in den Vordergrund stellen. Erst in zweiter Linie werden neue und vorwiegend dringende und sehr wichtige Straßenbauprojekte umgesetzt werden. Aufgrund des enger werdenden Straßenangebotes wird der Individualverkehr sehr flexible Verhaltensmuster zeigen. Zum einen werden Home Working und Home Shopping verstärkt genutzt. Zum anderen werden die Urlaubsreisen neuen antizyklischen Rhythmen unterworfen. Die Menschen werden zukünftig bewusst um die notwendigen 30 Minuten früher oder später abfahren, um der Rushhour entkommen zu können. Die Industrie bietet durch neue Fahrzeugkonzepte, insbesonders durch kürzer werdende Automobile, die durch ihre Keilform kaum an Raumangebot verlieren, Platz sparende Alternativen.

Der oft geäußerte Wunsch, dass der Individualverkehr in Zukunft abnehmen soll, bleibt eine Traumvorstellung. Abgesehen davon, dass der öffentliche Bahn- und Busverkehr, sieht man von den U-Bahnen ab, den Kunden trotz Verbundkonstruktionen zu wenig

Convenience bietet, gibt es eine vorprogrammierte Bedürfnisstruktur, insbesondere bei jungen Menschen, die sich auch zukünftig nicht ändern wird. Will beispielsweise ein junger Mann seine Freundin im zehn Kilometer entfernten Ort treffen, so wartet er nicht eineinhalb Stunden, bis das öffentliche Verkehrsmittel verfügbar ist. Er wird sich prompt ins Auto setzen, um möglichst rasch bei seiner Partnerin zu sein.

Neue Antriebstechnologien der Autoindustrie, insbesondere Hybrid- und Wasserstoff-Pkws, werden den Individualverkehr in den nächsten Jahrzehnten nicht nur ökonomisch, sondern auch ökologisch attraktiver machen.

Der Luftverkehr wird ein weiteres Mengenwachstum schaffen. Trotz rückläufiger Preise wird insgesamt ein jährliches Umsatzplus in dieser Branche zu erzielen sein. Die Luftraumüberlastung wird ein brisantes Thema. Derzeit stehen ein Drittel der Flugrouten dem zivilen Flugverkehr zur Verfügung, zwei Drittel dem Militär. Eine Umverteilung der Routen zu Gunsten des zivilen Luftverkehrs ist überfällig. Der Einsatz von umweltschonenden Treibstoffen wird ein Megathema in der Luftfahrt. Dem Einsatz von Wasserstoff kommt zukünftig hohe Bedeutung zu.

Nachrichten und Kommunikation

Die Menschheit hat bisher drei ökonomische Revolutionen erlebt: Die agrarische, die industrielle und die Informatik-Revolution mit den neuen Nachrichten- und Kommunikationstechnologien. Bis zum Jahr 2005 werden beispielsweise 25 bis 30% der privaten Haushalte in Deutschland und Österreich ein Faxgerät haben.

Ein Beispiel für einen boomenden Markt ist das Paging, die in Europa am meisten unterschätzte Telekommunikationstechnologie, wie die US-Marktforschungsgesellschaft Forrester Research meint. Konnten Pager früher nur Töne oder Ziffernfolgen empfangen, ermöglicht die neue Gerätegeneration auch die Übertragung von Textnachrichten. Rund 100.000 Textpager wurden im vergangenen Jahr in Deutschland verkauft. In Singapur und Honkong besitzt bereits jeder vierte Einwohner einen Pager. In Deutschland sind es bisher nur rund 1,2 Mio. Geräte. In ganz Europa sind derzeit rund 4,2 Mio. Pager im Einsatz. Ein boomender Pagermarkt ist vorprogrammiert. Der Anwendungsbereich dieser Geräte ist sehr groß. So verleihen beispielsweise Ärzte Pager an ihre Patienten. Lange Wartezeiten entfallen dadurch. Die Patienten können zwischenzeitlich Erledigungen machen und werden angepipst, wenn sie an der Reihe sind. Paginggeräte können auch kombiniert werden mit anderen Produkten wie Schlüsselanhänger, Brillen, Kugelschreiber und anderes mehr. Ein EVP-Markt tut sich hier auf. Insbesondere für Jugendliche ist der Pagermarkt interessant, da diese Geräte wesentlich günstiger sind als Handys.

Natürlich zählen Handys zu den boomenden Märkten, deren Marktentwicklung vergleichbar ist mit der von TV-Geräten. In den 80er Jahren erfuhr der TV-Markt ein atypisches Wachstum. Immer mehr Zweit- und Drittgeräte, primär TV-Portables, wurden gekauft. Eine ähnliche Entwicklung macht das Telefon derzeit auch. Das stationäre Telefon wird ergänzt durch ein oder zwei Handys im Haushalt.

Das Intra- und Internet werden einen wesentlichen Beitrag zum boomenden Nachrichten- und Kommunikationsmarkt leisten. Nach einer Studie der Boston Consulting Group wird das Internet folgende Branchen in Zukunft am stärksten verändern:

- Finanzdienstleister,
- Touristikunternehmen,
- Unterhaltungsbranchen,
- Versandhäuser,
- Computerhersteller,
- Verlage und den
- Handel.

US-Studien sagen beispielsweise voraus, dass in den nächsten acht Jahren bis zu 25% aller Lebensmittel per Home Shopping geordert werden. Die Kölner Unternehmensberatung BBE schätzt, dass in Deutschland bis zum Jahr 2010 rund 100 Mrd. DM des gesamten Einzelhandelsvolumens online umgesetzt werden. Die ABC-Bücherdienst GmbH machte 1996 einen Umsatz von 7 Mio. DM und ist damit einer der größten elektronischen Buchhändler in Deutschland mit 20 Mitarbeitern in Regensburg sowie Beteiligungen in den USA und in Spanien. Im Tagesdurchschnitt gehen 500 Bestellungen aus aller Welt ein, die meisten über das Internet. Wenn in der deutschen Zentrale Dienstschluss ist, übernehmen die vier Mitarbeiter in Florida den Kundendienst.

Die Nachrichten- und Kommunikationsbranche wird den Trend zur Produktion von Flexibilität erneut benachdrucken. Althergebrachtes Denken, das insbesondere von bestimmten Interessenvertretungen immer wieder neu aufgewärmt wird und die an alten Strukturen festhalten wollen, um diese vermeintlich so zu schützen, erzielen damit genau den gegenteiligen Effekt.

Bildung

Studien aus „The Learning Organisation" zeigen, dass ein Erwachsener im Durchschnitt alle fünf Jahre einen anderen Job ausübt. Die Notwendigkeit, sich daher laufend aus- und fortzubilden, ist eine Mussforderung, möchte man erfolgreich sein. Die Erwachsenenbildung wird daher auch in Zukunft einen wachsenden Markt darstellen. Im Bereich der Ausbildung von jungen Menschen wird einerseits das duale Ausbildungssystem weiter verstärkt, andererseits wird zukünftig die Ausbildung – insbesondere an den Universitäten – verstärkt hinterfragt werden. Zum einen klagt die Wirtschaft darüber, dass die Praxisorientierung der höheren Schulen in vielen Bereichen stark zu wünschen übrig lässt. Zum anderen kommen die Absolventen mit einer sehr hohen Erwartungshaltung, die vor allem bezüglich der Gehaltsvorstellungen und dem Aufgabengebiet meist zu hoch gestellt ist, auf die Unternehmen zu.

In Zeiten der Sparpakete wird mehr denn je die Frage nach den Öffnungszeiten an den Universitäten gestellt. Bedenkt man, dass die Hochschulen im Durchschnitt sechs Monate pro Jahr keinen Lehrbetrieb haben, so ist dies ein Luxus, den sich keine andere Branche leisten kann. Die Forderung wird daher in Zukunft verstärkt in die Richtung gehen, auch Universitäten einen 12-Monate-Betrieb abzuverlangen. Hinzu kommt, dass Studiengebühren eine notwendige Forderung sein werden, will man die Leistungsfähigkeit in der Forschung und Entwicklung nicht nur aufrecht erhalten, sondern ausbauen. Dass dies notwendig ist, zeigen die wirtschaftlichen Entwicklungen in den anderen Wirtschaftsräumen dieser Welt. Mehr denn je wird die Forderung laut, dass Eliten in Europa an Universitäten bzw. an namhaften und anerkannten Ausbildungsstätten herangebildet werden. Die neuen Medien und Technologien bieten zukünftig ein sehr großes Betätigungsfeld für Fern- und Trainingskurse. Ein weiterer Ausbildungsschwerpunkt in Zeiten der zu hohen Arbeitslosigkeit wird sein, Menschen für die unternehmerische Selbstständigkeit zu trainieren und darauf vorzubereiten. Diesbezügliche Unternehmerausbildungskurse werden verstärkt angeboten werden und sich auch einer wachsenden Nachfrage erfreuen. Insgesamt wird der Bildungsmarkt bis zum Jahr 2005 ein erfreuliches Wachstum verzeichnen.

Sicherheit

Der Sicherheitsmarkt hängt kausal mit der Entwicklung der Kriminalität zusammen. Ordnet man die unterschiedlichen Arten der Kriminalität der Markttypologie zu und unterscheidet man hier zwischen rückläufig, stabil, wachsend und boomend, dann zeigt die nachfolgende Tabelle, dass die Kriminalität in der EU kein einziges Segment hat, das stagniert oder rückläufig ist.

Entwicklung der Kriminalität in der EU bis 2005

Art der Kriminalität	Zukünftige Entwicklungen
Diebstahl	wachsend
Sachbeschädigung	wachsend
Gewaltkriminalität	wachsend
Wirtschaftskriminalität	boomend
Organisierte Kriminalität	boomend
Suchtgiftkriminalität	boomend
Internat. Terrorismus	wachsend
Computerkriminalität	boomend
Ausländerkriminalität	boomend
Jugendkriminalität	boomend
Umweltkriminalität	boomend

Nach Ansicht von Polizeiexperten steht Europa vor einem Kriminalitätsboom. Allein in Deutschland steigt der Schaden durch organisierte Kriminalität auf ca. 3,45 Mrd. DM pro Jahr. Die Vereinten Nationen schätzen, dass allein das organisierte Verbrechen ein Volumen von 750 Mrd. Dollar jährlich erreicht hat. Die U.S. Drug Enforcement Administration rechnet damit, dass im Drogenhandel 400 bis 500 Mrd. Dollar weltweit umgesetzt werden.

Es sind jedoch nicht nur die großen Kriminalitätsdelikte, die der Politik, Gesellschaft und Wirtschaft immer mehr Kopfschmerzen bereiten, sondern auch Delikte wie Diebstahl im Handel. So verliert allein die deutsche Wirtschaft mehr als 3 Mrd. DM jährlich durch Diebstähle in den Handelsbetrieben, Tendenz steigend.

Es ist leicht zu verstehen, dass bei einer derart signifikanten Zunahme von kriminellen Delikten das Sicherheitsbedürfnis bei den Menschen stark steigt. Daher werden in diesem Zusammenhang neue Märkte entstehen, die jedoch hauptsächlich von den Privaten finanziert werden müssen. Die Bandbreite reicht dabei von Sicherheitsprodukten, die als Frühwarnsysteme zur Absicherung des Hauses bzw. der Wohnung tauglich sind, über Verteidigungsgeräte bis zu privaten Sicherheitsdiensten, wie sie beispielsweise in den Nobelstadtteilen von Berlin bereits eingesetzt werden, um ein höheres Maß an Sicherheit zu gewährleisten. Der Staat wird mehr denn je Eliteeinheiten brauchen, um die Sicherheit für die Bevölkerung weiterhin aufrecht erhalten zu können. Beste Ausbildung und erstklassige Ausrüstung werden trotz angespannter Budgetlage notwendig sein. Zusätzliche Gesetze sind zu schaffen, die eine präventive Abschreckungswirkung haben und auch umsetzbar sind.

Ursachen für den Kriminalitätsboom sind unter anderem:

- die voranschreitende Polarisierung der Gesellschaft zwischen Arm und Reich;
- der Trend zur neuen Armut in Europa;
- die hohe Arbeitslosigkeit, wovon Menschen auch mit hohem und ausgezeichnetem Ausbildungsniveau verstärkt betroffen sind;

- das Wertevakuum verbunden mit der starken Orientierungslosigkeit der Menschen. Mehr als 60 % der deutschen Bundesbürger sind davon betroffen;
- zerrüttete Kernfamilien und das Defizit an Vorbildern in Politik und Gesellschaft;
- die Medienlandschaft, die Gewalt und Verbrechen als telegenen Teil der Gesellschaft darstellt und damit nahezu klassische Konditionierungseffekte nach Pawlow erzeugt.

All das bringt eine wachsende angstgeplagte Gesellschaft in Europa hervor, die eine Vielzahl von Sicherheitsprodukten und Dienstleistungen wünscht.

Wie groß der Markt bei Sicherheitsartikeln bereits geworden ist, lässt die Entwicklung in den USA erahnen, wo es eigene Security Stores mit 400 m^2 Verkaufsfläche gibt, die eine große Sortimentsbreite und -tiefe von Sicherheitsartikeln anbieten und die jährlich zweistellige Zuwachsraten verzeichnen. Versandkataloge spezialisieren sich auf den Verkauf von Sicherheitsprodukten und -dienstleistungen. In den USA wächst eine Marktnische im Autowerkstättenbereich heran, die sich auf Sicherheitsaspekte konzentriert. Das Angebot reicht von gepanzerten Fahrzeugen über Elektroschocks bei Griffberührung bis zu intelligenten Notrufsystemen. Für Europa ist in den nächsten Jahren eine ähnliche Entwicklung zu erwarten.

Tourismus

Dem Trend zur Polarität entsprechend wollen die Menschen ihren Urlaub entweder weit weg in Gran Canaria oder der Karibik verbringen oder zu Hause in ihrem Kokon und Garten genießen. Die Urlaubswelt von morgen bewegt sich zwischen Abenteuern, verbunden mit einem abschätzbaren Nervenkitzel, sowie Relaxen. Wie und wohin die Urlauber in Zukunft reisen wollen, zeigt eine Studie vom BAT Freizeitforschungsinstitut aus Deutschland.

Die Urlaubswelt von morgen

Was die Deutschen suchen…

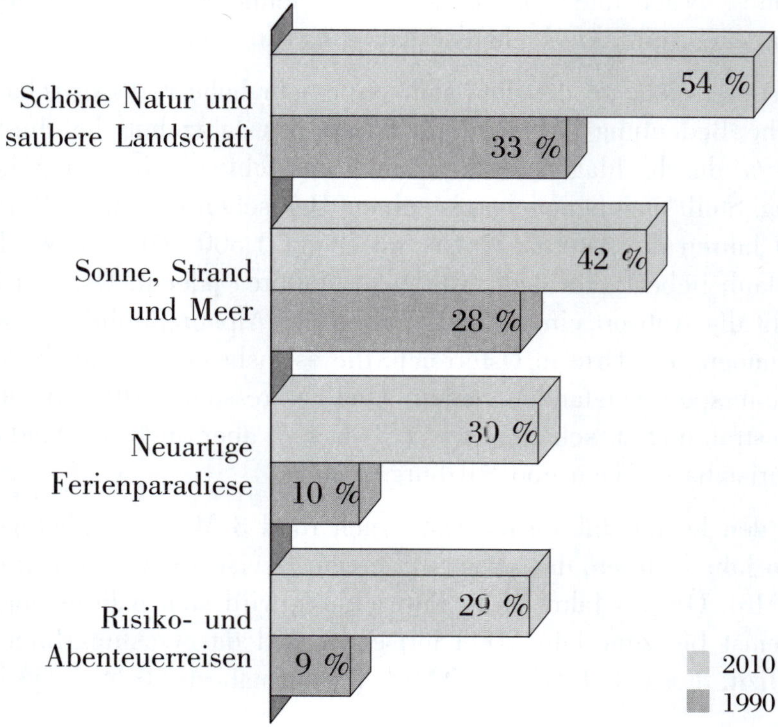

Die Deutschen, die als Reiseweltmeister bekannt sind, werden trotz Sparpakete auch in Zukunft ihre Reiselust weiter pflegen, wenngleich in bestimmten Bereichen, und hier insbesondere bei den Nebenkosten, der Pfennig doppelt überlegt ausgegeben wird.

Zwei soziodemographische Zielgruppen zeigen eine überproportionale Urlaubsreisetätigkeit: Die agilen Senioren und die Jugend. Nach einer Studie der WTO, World Tourism Organisation, entwickelte sich beispielsweise der Jugendtourismus in den 80er Jahren mit einer überdurchschnittlichen Wachstumsrate von 7,3 % pro Jahr, während der internationale Reiseverkehr jährlich um 4,4 % zunahm. Zukünftig werden diejenigen Länder interessante Zuwachsraten im Tourismus verzeichnen, die es rechtzeitig verstehen, ein aktives Jugendmarketing einzusetzen.

In Österreich, wo der Tourismus eine sehr hohe volkswirtschaftliche Bedeutung hat, wird nicht nur das Jahrzehnt der minus 30 % durchschlagen, sondern auch das fehlende Jugendmarketing. Stellt man beispielsweise einem Deutschen zwischen 18 und 20 Jahren die Alternativfrage, wo er mit 1.500 DM eine Woche Urlaub lieber verbringen würde, in Mallorca oder in Österreich, geht die Antwort eindeutig zu Lasten der Alpenrepublik. Ausgenommen sind Orte in Österreich, die es insbesondere durch den Wintersport verstanden haben, eine interessante Attraktivitätsausstrahlung zu schaffen, wie z.B. Ischgl, aber auch der Städtetourismus in Wien und Salzburg.

In den letzten Jahren hat Österreich rund 3 Mio. Nächtigungen pro Jahr verloren, das entspricht einem Devisenentgang von rund 3 Mrd. ÖS pro Jahr. Diese Entwicklung wird sich nahezu ungebremst bis zum Jahr 2005 fortsetzen und das Leistungsbilanzdefizit, das sich 1992 von 4 Mrd. ÖS auf nahezu 50 Mrd. ÖS im

Jahr 1996 erhöht hat, wird sich durch diese Entwicklung weiter verschlechtern. Neben den strukturellen Problemen der österreichischen Tourismuswirtschaft und den neuen, sehr attraktiven Konkurrenz-Urlaubsdestinationen, die durch die Preis-Mengen-Strategie der Airlines sehr leicht und kostengünstig zu erreichen sind, sind die Angebotsformen des Tourismus in Österreich und Europa neu zu überdenken. Der Kreativität kommt dabei eine Schlüsselrolle zu, um die Angebotspakete sowohl für junge Menschen als auch für reiseinteressierte Senioren attraktiv zu machen. Reiseveranstalter mit maßgeschneiderten Angeboten, die quasi Urlaubserlebnis von der Stange bieten, gehen mit Sicherheit wachsenden Märkten entgegen.

Nachfolgend ein Modell, das sowohl für den österreichischen als auch für den europäischen Tourismus ein hohes Chancenpotenzial bietet. Es wurde in Anlehnung an US-Angebotspakete entwickelt, die sich seit längerem sehr erfolgreich am Markt etablieren.

14 Tage Urlaub in Florida werden von den Veranstaltern zu einem Erlebnistrip ausgebaut, der folgende Destinationen umfasst:

- Miami
- Kap Canaveral
- Orlando mit Disneyland
- St. Petersburg
- Miami

Abgesehen von der enormen Anstrengung, die so ein 2-Wochen-Erlebnistrip mit sich bringt, sind die meisten Touristen von dem Erlebten sehr beeindruckt. In Anlehnung an dieses Modell könnte beispielsweise in Österreich folgendes Tourismuspaket angeboten werden, das in einem Zeitraum von zwei Wochen nachfolgende Destinationen beinhaltet:

- Wien
- Bad Kleinkirchheim
- Osttirol mit Hüttengaudi
- Salzburg Stadt
- Sportwelt Amadé
- Wien

Den Anfang könnte beispielsweise Wien mit einen 3-Tage-Städteurlaub machen, historische Sehenswürdigkeiten, aber auch das moderne Wien könnten den Touristen nahe gebracht werden. Nachdem es einen klaren Trend zum Urlaub in Wasserlandschaften gibt, wäre Bad Kleinkirchheim in Kärnten eine zweite, sehr interessante Destination, um in der Thermalquelle zwei oder drei Tage zu relaxen. Frisch gestärkt kann der Tourist in Osttirol eine urige Hüttengaudi mit besonderem Event-Charakter miterleben. Die vierte Destination wäre Salzburg Stadt, wo Sehenswürdigkeiten oder andere Attraktivitätsfaktoren im Mittelpunkt stehen. Ein weiterer Höhepunkt könnte im Winter der zwei- oder dreitägige Besuch in der Sportwelt Amadé mit Snowboardevent sein, im Sommer alternierend ein Bergerlebnis. Den Abschluss bildet wiederum Wien, wo man sich ein oder zwei Tage gönnt, um sich von den Eindrücken, aber auch von den Reisestrapazen zu erholen.

Wichtig ist, dass für solche Angebotsformen den Touristen ein attraktiver Paketpreis angeboten wird, wobei es nicht unbedingt notwendig ist, All-inclusive vorzusehen. Sehr wohl ist darauf zu achten, dass ein gewisses Grundausstattungspaket im Angebot vorgesehen wird, sodass die Nebenkosten überschaubar bleiben.

Dieses Beispiel ist auch auf Europaebene vorstellbar, ähnlich wie es in den USA bereits üblich ist. Innerhalb von 14 Tage wird dort ein Erlebnistrip von New York nach Minnesota, weiter nach San Francisco, dann in die Rocky Mountains und zum Abschluss ein Aufenthalt in Miami geboten. In Europa könnte folgende Destinationskette dazu vorgesehen werden: Der Tourist beginnt in München, zweite Destination ist Amsterdam, dann folgen Salzburg, Mailand, Athen und Wien. Nach 14 Tagen trifft der Tourist wieder in München ein. Solche Europa-Erlebnistrips werden zukünftig wesentlich einfacher organisierbar sein, wenn es eine gemeinsame Währung gibt. Der Euro würde den europäischen Tourismus auch aus der Sicht der Kunden, die von anderen Kontinenten kommen, wesentlich attraktiver machen. Ein Markt mit Zukunft tut sich auf.

Weitere Märkte mit Zukunft sind der Gesundheitstourismus, der Kultur- und Städtetourismus, der Erlebnistourismus, der Seminartourismus und insbesondere die sogenannten 3-Tages-Urlaube. Der Kurzurlaub wird aufgrund des subjektiven Zeitmangels von immer mehr Menschen, die im aktiven Leistungsprozess stehen, verstärkt ein erfreuliches Marktwachstum bringen. Voraussetzung sind attraktive Angebotspakete, die die diesbezügliche Nachfrage stimulieren.

Gesundheit

Der Gesundheitsmarkt wird bis zum Jahr 2005 wertmäßig zwischen 3 und 5% steigen. Die einzige Wachstumsbremse im Gesundheitsmarkt sind die knapper werdenden finanziellen Ressourcen. Eine wesentliche Ursache dafür ist die soziodemographische Entwicklung, die zeigt, dass die durchschnittliche Lebenserwartung laufend steigt. Sie beträgt derzeit bei Frauen 79 und bei Männern 76 Jahre.

Neue Krankheitsbilder schaffen eine zusätzliche Nachfrage im Gesundheitswesen und werden damit die Kosten additiv erhöhen. Beispiele dafür sind Seuchen wie der Ebola-Virus, der erstmals 1995 in Zaire aufgetreten ist und weltweites Aufsehen erregte, weiters die Gelbsucht, deren Hepatitis-C-Virus bereits mehr als 30.000 Alpenbürger in sich tragen, und vor allem Aids. Der internationale Tourismus begünstigt ein rasches Ausbreiten von Seuchen, da die Krankheitserreger diesbezüglich keine Grenzen kennen. Experten sprechen immer öfter davon, dass wir einem Jahrzehnt der Seuchen entgegen gehen.

Allergien werden die Medizin im nächsten Jahrzehnt intensiv beschäftigen. So stiegen im letzten Jahr die Allergien bei Kindern in Österreich um 5,4 % gegenüber dem Vorjahr, bei den 18jährigen lag das Wachstum sogar bei 18,5 %. Neue Medikamente, aber auch eine intelligente Vorsorgemedizin, werden diesen Bereich zukünftig prägen.

Bei Krebs ist der am stärksten wachsende Bereich weltweit der bösartige Hautkrebs. In Österreich werden jährlich 1.500 neue Melanomfälle registriert, Tendenz steigend. Hingegen nehmen die Todesfälle bei Herz-Kreislauf-Erkrankungen signifikant ab. In den letzten 10 Jahren konnte hier ein Rückgang von rund 20 % verzeichnet werden. Trotz des Absenkens der Sterberate werden die Präventivmedizin, die Chirurgie und die Nachsorge bei Herzerkrankungen auch in Zukunft ein größer werdendes Leistungsvolumen bieten müssen.

Die Schäden, die durch das Mobbing entstehen, werden in Österreich wie auch in Deutschland bereits auf mehrere Milliarden ÖS bzw. DM pro Jahr geschätzt. Hier handelt es sich im Wesentlichen um einen psychologischen Druck am Arbeitsplatz, der durch Vorgesetzte oder Kollegen in einer sehr subtilen Form oder auch in einer sehr direkten Art ausgeübt wird. Expertenschätzungen gehen davon aus, dass der Prozentsatz von Mobbingopfern bei etwa 6 bis 8% der Arbeitnehmer liegt, Tendenz steigend. Je schwächer die wirtschaftliche Konjunktur und je größer die Angst um den Arbeitsplatz, umso größer ist die Wahrscheinlichkeit, dass das Mobbing weiter zunehmen wird.

Auch Depressionen werden zukünftig stark zunehmen. Die WHO bezeichnet sie als eine der größten Volkskrankheiten. Waren in den 70er Jahren etwa 5% der deutschen und österreichischen Bevölkerung von dieser Krankheit betroffen, so liegen heute die Expertenschätzungen bei etwa 11%. Ursachen dafür sind die Vereinsamung der Menschen, die wachsende Anonymität, die Zunahme von Singles, die größer werdende Zahl von allein erziehenden Müttern sowie das Wertevakuum. Am Ende dieser Entwicklung steht die sogenannte Null-Bock-Generation. Neben neuen Medikamenten wird die Esoterik weiter boomen.

Neben der immer leistungsfähigeren Schulmedizin werden neue Segmente im Gesundheitswesen heranwachsen, die Märkte mit Zukunft schaffen. Der privaten Vorsorge wird eine starke Bedeutung zukommen, zumal die öffentliche Hand finanziell nur mehr ein funktionierendes Grundnetz sicherstellen kann. Tendenziell wird es auch den Leistungserbringern im Gesundheitswesen erlaubt sein müssen, Marketing und insbesondere auch Werbung machen zu dürfen. Je höher der finanzielle Anteil ist, der von den Privaten im Gesundheitswesen zu tragen ist, umso mehr Informationen möchten die Kunden auch über die Leistungsfähigkeit der Spitäler und Ärzte haben.

Gastronomie

Der Außer-Haus-Verzehr wird bis zum Jahr 2005 vom Jahrzehnt der minus 30% nachhaltig berührt werden. Ein Drittel der Restaurants und Gaststätten werden schließen. Die Ursachen dafür sind vielzählig. Organisierte Outlets, das sind Markenketten wie McDonald's, Mövenpick Restaurants, Pizza Hut und andere, werden weiter expandieren und damit Marktanteile gewinnen. Der Lebensmittelhandel bietet Convenience-Produkte an, die nicht nur eine kurze Zubereitungszeit haben, sondern auch internationale Kochkunst in den Kokon zaubern. Die relativ hohen Nebenkosten für Getränke werden das Marktsegment der Mitnahmemahlzeiten zusätzlich fördern. Der Home-Delivery-Service-Bereich wird jährliche zweistellige Zuwachsraten verzeichnen und damit der stationären Gastronomie Umsätze abnehmen. Hinzu kommt, dass die laufenden Diskussionen über eine Absenkung der Promillegrenzen durch den Gesetzgeber auf 0,0 bzw. 0,5 sowie Alkoholkontrollen, die ohne Begründung jederzeit gemacht werden können, den Gastrokonsum außer Haus bremsen und den Verzehr im Kokon fördern werden. Es sei denn, es gelingt die Schaffung einer Gastronomie, die ein Szeneerlebnis bietet, wie dies in Kinozentren zu beobachten ist.

Ein neuer Rollenabtausch im Jahrzehnt der minus 30% ist zwischen Bankstandorten und Gastronomiebetrieben zu beobachten. So zeigt es sich in den USA und in England immer öfter, dass Bankfilialen, die aus Rationalisierungsgründen schließen, Nachfolgemieter aus dem Gastronomiebereich haben. Neben der Tatsache, dass der Standort meist ausgezeichnet ist, können auch die Räumlichkeiten oftmals ohne teure Umbauten adaptiert werden, zumal ehemalige Schalterhallen und lange Theken vielen Gästen Platz bieten.

Die Szenegastronomie wird durch neue Ideen bereichert werden. In den USA zeigt sich, dass so genannte Fashioncafes, die Models als Servierpersonal oder als Zaungäste konzeptionell vorsehen, einen interessanten Zuspruch finden, ebenso wie Gastronomiebetriebe, die einen Mythos von legendären Marken vermitteln, wie zum Beispiel das Harley Davidson Cafe in New York.

Dem Fast Food wird in Zeiten von Stress und Hektik eine neue Angebotsform, das Slow Food, entgegengesetzt. Die durchschnittliche Verweildauer in so einem Restaurant beträgt mindestens zwei Stunden. Viele Gänge mit kleinen Portionen sind ein Bestandteil dieser Angebotsform. Das veränderte Kundenverhalten verlangt den Gastronomen mehr Flexibilität und neue Ideen ab. Ein interessanter Ansatz, Synergien zu heben, ist eine verstärkte Kooperation zwischen Lebensmittelbetrieben und Gastrobetrieben. Pubs, Cafes, Fast Food Outlets werden sich verstärkt in frequentierte Lebensmittelgeschäfte einmieten. Die Gastronomen, die ihren Kunden nicht nur die stationären Angebotsformen bieten, sondern auch in weiterer Folge Home Delivery Service oder Take-Away-Serviceleistungen, werden zu den zukünftigen Gewinnern zählen. So wie ein Sortiments- und Dienstleistungsmix im Handel immer notwendiger wird, ist auch ein neuer Dienstleistungsmix in der Gastronomie zielführend.

10 Marketingempfehlungen inklusive Marktbewertungsmodell

10 Marketingempfehlungen

Von der zukunftsorientierten Unternehmensstrategie bis zur konsequenten Umsetzung

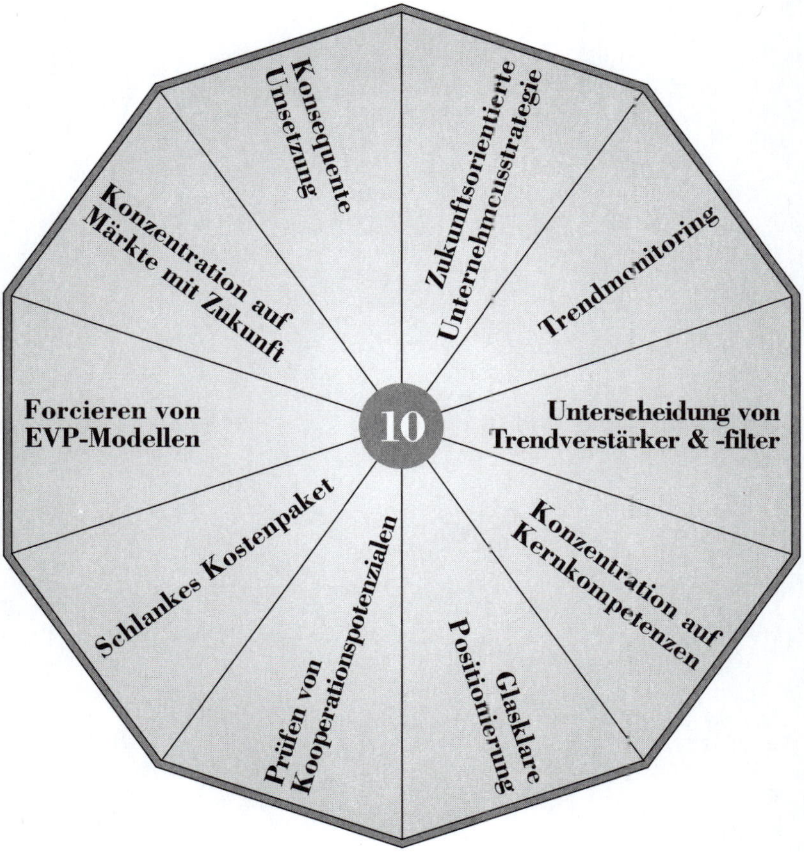

1. Setzen Sie auf eine zukunftsorientierte Unternehmensstrategie

In dem rauher werdenden Wettbewerbswind hat ein Unternehmen nur dann eine berechtigte Erfolgschance, wenn es sich zu einer zukunftsorientierten Strategie durchringt und vom Chaos-Management zur Gänze distanziert. Eine sehr wesentliche und richtungweisende Frage, die sich jeder Unternehmer bzw. Manager stellen muss, heißt: Soll das Unternehmen in eine Vorwärtsstrategie oder in eine Defensivstrategie geführt werden?

Mit Sicherheit ist die Bewahrerstrategie, die nach dem Motto arbeitet, „wir belassen alles oder das meiste so wie es ist und hoffen, dass die Veränderungen nicht in dem Ausmaß eintreffen wie sie prognostiziert werden“, mit Abstand die schlechteste und auch gefährlichste.

Peter Drucker weist darauf hin, dass im Jahr 2005 nur mehr 20 % der Produkte existieren werden, mit denen heute die Unternehmen 100 % des Umsatzes machen. Allein an dieser Ziffer ist erkennbar, welch fatale Folgen eine Bewahrerstrategie für jedes Unternehmen unweigerlich hat.

Eine Defensivstrategie kann durchaus Sinn machen. Die Konsequenzen im Unternehmen sind meistens schmerzlich und vor allem wenig motivierend. So sind sehr oft Personalabbau und Reduzierung vieler Budgetpositionen die unabdingbare Folge. Die Frage, die in einer Defensivstrategie immer wieder aufs Neue zu beantworten ist, heißt: Wie lange wird Fett vom Unternehmen weggeschnitten und ab wann wird die Muskelfaser verletzt?

In jüngster Zeit mehren sich die kritischen Stimmen, die nur schlanke Kostenpakete als den Wettbewerbsfaktor schlechthin darstellen. Einfach deshalb, weil in vielen Unternehmen sehr viel Energie, Geld und Zeit investiert wird, um Kostenreduktionen in den unterschiedlichsten Kostenstellen zu schaffen. Ein höherer Output für das Unternehmen wäre insbesondere dann erzielbar, wenn es mit den gleichen Ressourcen in zukunftsorientierte Vorwärtsstrategien investiert hätte.

Die Defensivstrategie wird im Jahrzehnt der minus 30% vornehmlich in Unternehmen umgesetzt werden müssen, die in rückläufigen Märkten tätig sind. Vor allem aber in Organisationen, Institutionen und Unternehmen, die bisher in geschützten Märkten tätig waren. Beispiele dafür sind Banken, Versicherungen, Energieunternehmen aber auch insbesondere die öffentliche Hand. Nach einer Studie von Arthur D. Little könnten in den nächsten Jahren in Deutschland 250 Mrd. DM in der Verwaltung eingespart werden, in Österreich immerhin beachtliche 180 Mrd. ÖS. Die Defensivstrategie im öffentlichen Sektor wird eine Konzentration auf die Kernkompetenzen und den Rückzug aus Aufgabenbereichen nach sich ziehen, die Private besser und kostengünstiger machen können. Eine deutliche Abschlankung des Kostenpaketes der öffentlichen Hand müsste eine signifikante Steuerentlastung der Unternehmen ermöglichen.

Die Vorwärtsstrategie eines Unternehmens ist geprägt durch Investitionen in Märkte mit Zukunft. Innovationen und ein offensives Marketing sind dafür die wesentlichen Meilensteine. Sicher ist, daß die Vorwärtsstrategie sehr oft mit einer hohen Motivation und einem sehr produktiven Arbeitsklima einhergeht. Hat ein Unternehmen die Entscheidung getroffen, in eine Vorwärtsstrategie zu gehen, ist es von essenzieller Bedeutung, sich mit den nachhaltigen Trends zu beschäftigen.

2. Trendmonitoring – ein substanzieller Eckpfeiler für eine zukunftsorientierte Unternehmensstrategie

Wie im Buch „Die Zukunft fest im Griff" ausführlich beschrieben, muss sich jedes Unternehmen die Frage stellen, welche Kunden-Trends, Gesellschafts-Trends, Marketingtrends, Technotrends, Ökologie-Trends und Internationale Trends für den Betrieb von Bedeutung sind. Zusätzlich müssen die branchenspezifischen Trends im Detail analysiert werden. Nachhaltige Trends, und nur mit solchen sollte sich jedes Unternehmen beschäftigen, haben eine Entwicklungszeit von rund 10 Jahren und sind daher auch prognostizierbar. Mit einem effektiven Trendmonitoring sind somit 98 % der wirtschaftlichen Entwicklungen vorhersehbar und das trotz der enormen Dynamik der Märkte. Die restlichen 2% stellen ein sogenanntes Restrisiko dar, kurz Markturknallereignisse genannt. Beispiele dafür sind die BSE-Krise oder bahnbrechende Innovationen wie die Compact Disc, die gänzlich neue Märkte entstehen ließ.

3. Unterscheiden Sie zwischen Trendverstärker und Trendfilter

Trendverstärker sind zukünftige Entwicklungen, die das bestehende Leistungsangebot des Unternehmens fördern. Trendfilter sind Entwicklungen, die das bestehende Leistungsangebot des Unternehmens bedrohen.

Interessant ist die Tatsache, dass immer mehr Trendfilter aus anderen Branchen kommen, die die angestammte Branche gefährden. Hier spielen im Besonderen die sogenannten Substitutionsprodukte bzw. -dienstleistungen eine eminente Rolle. So wird in Zukunft beispielsweise Stahl weiter durch Kunststoff und Aluminium substituiert. Die Konkurrenz der Eisenbahn war nicht die noch schnellere Eisenbahn, sondern der leistungsfähige Luftverkehr bzw. Individualverkehr. Im Bereich der Unterhaltungselektronik wird bis zum Jahr 2010 der klassische Fernsehapparat durch ein multifunktionales PC-Gerät inklusiv Monitorschirm verdrängt. Ein neues Gesetz wird den zukünftigen Wettbewerb und die wirtschaftliche Landschaft prägen. Keine Branche wird vor der anderen mehr sicher sein, gleiches gilt auch für die Handelslandschaft. So wie die Tankstellen-Shops dem klassischen Lebensmittelhandel immer mehr Marktanteile abnehmen, die Do-it-yourself-Märkte mit den angeschlossenen Grünzentren den klassischen Gärtnern, Baumschulen und Baustoffunternehmen Konkurrenz machen, so werden die Drogerieketten zukünftig die großen Zuwachsraten im Gesundheitsmarkt verzeichnen, nicht die Apotheken.

Neue Vertriebsformen können sowohl Trendverstärker als auch Trendfilter darstellen. Es kommt auf die Betrachtungsweise und die betroffenen Marktteilnehmer an. Allein die Beschäftigung damit, ob ein Trend Verstärker- oder Filterwirkung hat, führt zu einer zukunftsorientierten Diskussion im Unternehmen, die insgesamt sehr wertvoll ist.

Wie wichtig es ist, sich mit den zukünftigen Entwicklungen zu beschäftigen, zeigen die Prognosen, die bis zum Jahr 2005 die Industrielandschaft wie auch die Handelsszene neu geordnet sehen. Ab diesem Zeitpunkt werden die neu geschaffenen Wirtschaftsformen sich zu manifestieren beginnen.

4. Konzentrieren Sie sich auf die Kernkompetenzen Ihres Unternehmens

Definieren Sie vorab, in welchen Bereichen Ihr Unternehmen Schlüssel- und Kernkompetenzen hat. Analysieren Sie in diesem Zusammenhang Ihr Kerngeschäft und werden Sie sich klar darüber, welche Kernkompetenzen Sie in den nächsten 10 Jahren ausbauen wollen oder halten müssen. Im Vergleich zum Mitbewerb müssen Ihre Kernkompetenzen einen oder mehrere, jedoch maximal fünf signifikante Wettbewerbsvorteile haben. Dies muss auch vom Kunden so gesehen werden. Kernkompetenzen können ihren Ursprung im technischen Bereich, aber auch in den verschiedenen Marketinginstrumenten haben.

5. Wählen Sie eine glasklare Positionierung

Der Trend zur Polarität zeigt, dass die Kunden in Zukunft Unternehmen und Angebotsformen suchen, die ein kantiges und unverwechselbares Profil haben. Die sogenannten Middle-of-the-Road-Anbieter werden immer stärker unter Druck kommen und relativ rasch vom Markt verschwinden.

Zu einer glasklaren Positionierung ist jedoch viel unternehmerischer Mut erforderlich. In einer so komplex erscheinenden Welt werden die Unternehmer erfolgreich sein, die ihre Angebotsform den Kunden leicht verständlich, attraktiv und plakativ darstellen. Die Basis dafür ist die Umsetzung der Kernthese 3.5, die vom Unternehmen fordert, dass lediglich drei bis maximal fünf Verkaufsargumente glasklar in den Vordergrund gestellt werden. Ähnlich wie beim Eisberg-Prinzip, wo 90 % unter der Wasseroberfläche bleiben, hat ein erfolgsorientiertes Unternehmen die

Aufgabe, ausschließlich die profilhaften Kanten zu präsentieren und zu kommunizieren. Hinzu kommt, dass in Europa wie in den USA weniger der Produktwettbewerb, sondern vorwiegend der Kommunikationswettbewerb entscheidend sein wird. Dies ist insbesondere für sehr technisch-orientierte Unternehmen eine große Herausforderung.

6. Analysieren Sie weiterführende Kooperationspotenziale

Kein Unternehmen, gleich wie groß es ist, kann heute ein Produkt oder eine Dienstleistung zur Gänze alleine herstellen. Jedes Unternehmen hat sich zukünftig die Frage zu stellen, wie weit die Make-or-buy-Entscheidung reichen soll. Kooperationen müssen die Stärken des Unternehmens stärken und bestehende Schwächen abfedern oder eliminieren. Eine Kooperation wird nur dann mittel- und langfristig funktionieren, wenn sie der Philosophie der 3-Gewinner-Strategie entspricht.

Gewinner Nummer 1 muss der Kunde sein,
Gewinner Nummer 2 das eigene Unternehmen,
Gewinner Nummer 3 muss der Kooperationspartner sein.

Würde nur ein Glied in dieser Kette zu einem Null-Summen-Spieler oder gar Verlierer zählen, ist die Kooperation akut gefährdet. Einen besonders hohen Stellenwert in der Kooperationsfrage haben die Faktoren Unternehmenskultur, Größe und Performance. So zeigt sich in unterschiedlichen Studien, dass jede zweite Kooperation kurz- bzw. mittelfristig scheitert, wenn die drei oben zitierten Faktoren zu unterschiedlich sind.

Was für die Wirtschaft gilt, gilt auch für die politische Landschaft. Die derzeitige Expansion der Europäischen Union auf 15 Mitgliedsstaaten ist in sich relativ schlüssig und von den „Unternehmenskulturen" her verständlich und nachvollziehbar. Bei einer Erweiterung in Richtung osteuropäische Staaten inklusive Russland wird die EU auf einen neuen interkulturellen Prüfstand gestellt. Ob die Kernländer der Europäischen Union bereit sind, einer raschen Osterweiterung zuzustimmen, darf in einem hohen Maß bezweifelt werden. Zu unterschiedlich sind nicht nur die jeweiligen Unternehmenskulturen, sondern auch die Performance. Wie schwer es ist, ein anderes System in Europa zu integrieren, hat die Wiedervereinigung Deutschlands gezeigt.

Für jedes Unternehmen hat die Kooperationsfrage eine strategische Bedeutung und muss daher geprüft werden.

7. Achten Sie auf ein schlankes Kostenpaket

Solange die Lohnnebenkosten in Europa auf diesem hohen Niveau bleiben, wird sich jedes Unternehmen sehr genau überlegen müssen, inwieweit es überhaupt Personal weiter aufnehmen kann. In der Industrie gilt die Formel, mit weniger Personal die Produktivität bzw. den Output zu erhöhen. Möglich macht diese Entwicklung ein gesteigerter Automatisationsgrad in der Produktion.

Ein schlankes Fixkostenpaket ist ein wichtiger Wettbewerbsfaktor für die Zukunft, jedoch nicht der einzige. Das Outsourcing wird auch in Zukunft von immer mehr Unternehmern verstärkt genutzt. Aufgaben, die nicht unmittelbar mit der Kernkompetenz zu tun haben, werden vermehrt von Unternehmen, die sich auf diese

Teilaufgaben spezialisiert haben und auch ein attraktives Preis-Leistungs-Verhältnis bieten, extern ausgeführt.

8. Entwickeln Sie Modelle zu einer zukunftsorientierten EVP-Strategie

Unter EVP-Strategie – Extra Value Proposition – versteht man die Ausrichtung eines Unternehmens, immer mehr den Produktverkauf mit Dienstleistungen zu verknüpfen. Wobei der singuläre Produktverkauf sehr oft mit schmalen Margen abgewickelt wird. Die kommerziell erfreuliche Wertschöpfung liegt in der Dienstleistung, die entweder direkt oder im nachhinein verkauft wird. Beispiele dafür findet man in der Computer-Branche zur Genüge, wo die Hardware nicht selten mit geringen Margen verkauft wird, das Geschäft jedoch über die Serviceverträge gemacht wird. Umgekehrt gilt das gleiche. Ein reiner Dienstleister, der keine Produkte zu verkaufen hat, wird es in der Zukunft relativ schwer haben.

9. Setzen Sie auf echte Innovationen und konzentrieren Sie sich auf Märkte mit Zukunft

Die rückläufige Bevölkerungsentwicklung in Europa zeigt jedem Unternehmen an, dass wachsende Märkte per se zur Ausnahme gehören werden. Daher werden zwei Faktoren von großer Bedeutung sein. Zum einen echte Innovationen, die neue Märkte mit Zukunft schaffen, zum anderen eine hohe Exportquote bzw. ein intensiverer Leistungsaustausch innerhalb des europäischen

Binnenmarktes.

Im Bereich der Innovationen ist zwischen echten, das sind solche, die die Kunden auch als tatsächliche Neuheiten empfinden, zu unterscheiden und solchen, die sogenannte Me-too-Innovationen darstellen. Letztere haben kaum Chancen auf Markterfolg, da der Bottle-neck-Handel solche Produkte bzw. Dienstleistungen immer weniger aufnehmen wird und auch die Konsumenten im Zeitalter der Informationsüberflussgesellschaft solche Angebotsformen kaum mehr wahrnehmen.

Strategisch wird für jedes Unternehmen ein Portfolio von hoher Bedeutung sein, wo Märkte mit Zukunft eine Schlüsselposition einnehmen. Die diesbezüglichen strategischen Weichenstellungen sind firmenintern überlegt vorzunehmen. Wertvolle Hilfestellungen dazu finden Sie im Kapitel „Märkte mit Zukunft“ inklusive Evaluierungsmodell. Für Unternehmen, die nicht zu den Global Players zählen, wird das qualitative Wachstum wichtiger als das quantitative.

10. Sind Sie konsequent in der Umsetzung

Es ist nicht die Frage, wie viele Konzepte ein Unternehmen ausarbeiten lässt, da diese in vielen Fällen ohnedies schubladiert werden. Die Frage des Erfolgs wird zukünftig immer stärker von der konsequenten Umsetzung des zukunftsorientierten Unternehmenskonzeptes abhängig sein. Eine wertvolle Hilfestellung dazu kann das Marktbewertungsmodell leisten.

Marktbewertungsmodell

Für jedes Unternehmen ist es eine substanzielle Erfolgsfrage, ob es in einem Markt tätig ist, der Zukunft hat oder nicht. Das nachfolgende Marktbewertungsmodell bietet eine wertvolle Entscheidungshilfe, ob ein Markt interessante Zukunftschancen bietet. Es ist ein robustes Modell, das erste Indikationen und Erkenntnisse liefert, die in weiterer Folge mit Feintechniken des Marketing zu ergänzen sind. Im Idealfall sollte das Trend & Marketing-Verknüpfungsmodell für die Detailanalysen herangezogen werden.

Marktbewertungsmodell

Kriterien / Bewertung	1 sehr groß	2 groß	3 mittel	4 schwach	5 sehr schwach
Quantitatives Marktwachstum					
Zukunftsorientierung der Branche					
Innovationsgehalt					
Innovationsfrequenz					
Geringe Markturknallereignis-Wahrscheinlichkeit					
Branche liegt im Marketing-Tiefschlaf					
Umsatzwachstumschancen					
Erzielbarkeit von hohen Deckungsbeiträgen					
Teilsumme					
Gesamtbewertung & Durchschnittswert					

Quantitatives Marktwachstum

Hier ist im Wesentlichen die Frage zu klären, ob der Markt mengen- bzw. wertmäßig wächst, boomt, stagniert oder rückläufig ist. Gibt es eine Divergenz zwischen der mengen- und wertmäßigen Entwicklung, sollte für die Beurteilung die Umsatzentwicklung herangezogen werden. Grundsätzlich werden die Märkte der bekannten Markttypologie zugeordnet.

Zukunftsorientierung der Branche

Dieses Kriterium prüft die zukünftige Markt- und Branchenattraktivität primär aus der Sicht der Kunden, sekundär aus der Perspektive der Konkurrenz, wobei die Zukunftsorientierung einer Branche nachhaltig vom Innovationsgehalt und von der Innovationsfrequenz geprägt wird. Es ist zu unterscheiden, ob im vorhandenen Markt aus technischer und ökonomischer Sicht echte Innovationen oder nur Me-too-Innovationen hervorgebracht werden können. Auch die Innovationshäufigkeit ist ins Kalkül zu ziehen, da eine Überhitzung, aber auch eine Unterkühlung des Innovationstempos auf die Vermarktung von Produkt- bzw. Dienstleistungen kontraproduktiv wirkt.

Geringe Markturknallereignis-Wahrscheinlichkeit

In diesem Zusammenhang ist zu klären, ob das Restrisiko, das mit etwa 2% zu beziffern ist, in dem jeweiligen Markt tendenziell höher liegt. Gibt es größere Risikofaktoren, so ist das in der Bewertungsskala dementsprechend zu benoten.

Branche liegt im Marketing-Tiefschlaf

Es ist ein Unterschied, ob ein Unternehmen sich in Märkte hineinbewegt oder in Märkten arbeitet, in denen ein sehr professionelles Marketingniveau gegeben ist, oder ob noch primär das Verteilerdenken vorherrscht. Auch die Konkurrenzdichte ist ein wesentliches Kriterium, das in die Bewertung einfließen soll. Die Aufbereitung eines Marktes bzw. die Expansion ist wesentlich leichter möglich, wenn die Branche in einem Marketing-Tiefschlaf liegt. Ein Beispiel dafür sind die Apotheken, die das Drogeriegeschäft mehrheitlich an die Filialisten verloren haben.

Umsatzwachstumschancen

Diese können sich auf den Gesamtmarkt beziehen, aber auch auf einzelne Nischen, die durchaus für kleine oder mittlere Unternehmen attraktiv sind, die jedoch für Konzerne oder Großfirmen uninteressant sind.

Erzielbarkeit von hohen Deckungsbeiträgen

Sind die Spannen bzw. Aufschläge in der Branche von vornherein schon als sehr gering bzw. schwach einzustufen, ist das ein nachhaltiger Filter, der den Markteintritt bzw. die Expansion kritisch hinterfragen lässt. Im Gegensatz dazu sind Branchen, die sehr hohe Aufschläge haben, durch neue Mitbewerber bzw. Vertriebsformen akut gefährdet. Einfach deshalb, weil sich auch immer mehr große Firmen selektiv auf die Branchen konzentrieren, in denen überproportional hohe Margen erwirtschaftet werden.

In der Bewertung ist zu prüfen, inwieweit der Markt mit der Gesamtnote 1 bis 2,2 beurteilt wurde. Liegt er in diesem Bereich, dann zeigt das Marktbewertungsmodell an, dass es grundsätzlich ein gutes Chancenpotenzial gibt. Liegt die Bewertung zwischen 2,3 und 3,5 sind die Parameter im Detail zu prüfen, die das Ergebnis nach unten drücken. Ist die Gesamtbewertung höher als

3,5, dann macht eine nähere Analyse des Marktes relativ wenig Sinn, da die Erfolgswahrscheinlichkeit und die kommerzielle Attraktivität als schwach bzw. sehr schwach einzustufen sind.

Aufgrund der bewusst gewählten geringen Anzahl an Bewertungskriterien ist eine Gewichtung der einzelnen Parameter nicht notwendig. Punktebewertungsmodelle, die eine Gewichtung vornehmen, sind sinnvollerweise in Feinanalysen zu machen.

Zusätzlich zu berücksichtigen ist der finanzielle Aufwand bzw. das Investitionsvolumen, das notwendig ist, um am Marktgeschehen aktiv teilnehmen zu können. Weiters ist die Gefahr von Substitutionsprodukten bzw. -dienstleistungen bestmöglich abzuschätzen. Inwieweit internationale Konzerne als additive Konkurrenten auftreten können, ist ebenfalls abzuschätzen. Sind die Ergebnisse aus diesem Prozess verfügbar, soll grundsätzlich in einem Vorauswahlverfahren diskutiert werden, welche Strategievariante für das Unternehmen möglich ist. Wobei hier im Wesentlichen zwischen der Offensiv-, Defensivstrategie, Marktdurchdringung, Markterweiterungs-, Produkterweiterungsstrategie, der Diversifikation und der Präferenz- bzw. Preismengenstrategie gewählt werden kann. Vor der Diversifikation ist grundsätzlich zu warnen, da das Floprisiko bei 98 % liegt. Es ist zu riskant, sich mit gänzlich neuen Produkten auf neuen und unbekannten Märkten zu bewegen.

Wichtige Erfolgsfaktoren für die Zukunft sind weiters:

- Kunden- und Marktnähe
- Offensives bzw. defensives Marketing, abgestimmt auf die Unternehmensstrategie
- Führung zugleich locker und straff

- Produktion von Flexibilität
- High-Speed-Management
- Offene und kreative Unternehmenskultur
- Erzielung einer hohen firmeninternen Wertschöpfung
- Ausschöpfung des Innovationspotenzial

Zukunftsorientiertes Marketing ist für jedes Unternehmen, unabhängig von Größe und Internationalisierungsgrad, die Basis für eine erfolgreiche und solide Geschäftspolitik.

Literaturverzeichnis

ABURDENE, Patricia, NAISBITT, John: Megatrends for women, New York 1992

BARATTA, Mario von: Der Fischer Weltalmanach 1997. Zahlen, Daten, Fakten, Frankfurt/Main 1996

BARTOS, Rena: Die Rolle der Frau als Konsumentin, Wien 1991

BEREKOVEN, Ludwig: Erfolgreiches Einzelhandelsmarketing. Grundlagen und Entscheidungshilfen, München 1990

BERGEN, Hans von: New Marketing. Mythos und Zukunft inszenieren, Freiburg im Breisgau 1991

BLATTBERG, Robert C., DEIGHTON, John: Die neue Dimension: Immer enger, mein Kunde, mit Dir, in: Harvard Business Manager, 15. Jahrgang 1993, Hamburg 1993

BMW AG: From Natural Gas to Hydrogen 4/95, München 1995

BROWN, Lester R., FLAVIN, Christopher, POSTEL, Sandra: Zur Rettung des Planeten Erde. Strategien für eine ökologisch nachhaltige Wirtschaft, Frankfurt/Main 1992

BUNDESKRIMINALAMT WIESBADEN: Polizeiliche Kriminalstatistik 1995, Wiesbaden 1996

BUNDESMINISTERIUM FÜR INNERES: Polizeiliche Kriminalstatistik 1995, Wien 1996

BURRUS, Daniel, GITTINES, Roger: Technotrends. 24 Technologien, die unser Leben revolutionieren werden, Wien 1994

DER SPIEGEL: Ausgabe 7. November 1996

DEUTSCHES TIEFKÜHLKOSTINSTITUT, Köln: Tiefkühlkoststudie Deutschland, in: Süddeutsche Zeitung Nr. 273, München 1993

DICHTER, Ernest: Neues Denken bringt neue Märkte, Wien 1991

DRUCKER, Peter F.: Die postkapitalistische Gesellschaft, Düsseldorf 1993

DRUCKER, Peter F.: Die Zukunft managen, Düsseldorf 1992

DYNAMIK IM HANDEL: EHI Eurohandelsinstitut, Heft 12, Dezember 1996

DYNAMIK IM HANDEL: EHI Eurohandelsinstitut, Heft 1, Jänner 1997

THE ECONOMIST: American Survey, the great NAFTA bazaar, 13. – 19. 11. 1993, London 1993

THE ECONOMIST: The future of shopping, 20. – 26. 8. 1994, London 1994

THE ECONOMIST: The interactive bazaar opens, 20. – 26. 8. 1994, London 1994

THE ECONOMIST, Wirtschaftswoche: Atlas – Wirtschaftswoche. Länder, Entwicklungen, Profile, Düsseldorf 1991

THE ECONOMIST, Wirtschaftswoche: Weltwirtschaft in Zahlen.

Fakten, Daten, Trends, Düsseldorf 1991

EGGERT, Ulrich: Konsumententrends. Worauf Sie sich einstellen müssen, um Erfolg zu haben, Düsseldorf 1997

FISCHER, Heinz, BOESSNECK, Bernhard (Hrsg.): Die besten Direkt Marketing Kampagnen 2, Landsberg/Lech 1992

FOCUS: Nr. 22, 5/97, München 1997

FOOD SERVICE: Kaufkraft der kids, 10/1993, Frankfurt/Main 1993

FORTUNE: Best and worst corporate reputations, in: Fortune, 7. 2. 1994, New York 1994

FORTUNE: Depression and how to beat it, in: Fortune, 29. 11. 93, New York 1993

FORTUNE: The new US push into Europe, 27. 12. 1993, New York 1993

FRAUNHOFER-INSTITUT für Produktionstechnik und Automatisierung, Serviceroboter – ein Beitrag zur Innovation im Dienstleistungswesen, Stuttgart 1994

GATES, Bill: Der Weg nach vorn. Die Zukunft der Informationsgesellschaft, 1995

GERKEN, Gerd: Radar für Trends 4/94, Worpswede 1994

GIERSCH, Herbert, ZLABINGER, Albert, KRUG, Barbara: Kampf der Kontinente. Die Zukunft der Weltwirtschaft, Düsseldorf 1990

GREFF, Günter, TÖPFER, Armin (Hrsg.): Direkt Marketing mit neuen Medien, Landsberg/Lech 1993

GROSSKLAUS, Peter E.: Werbung und Wertewandel, in: Jahrbuch Direkt Marketing, Düsseldorf 1994

GRUPP, Hariolf: Der Delphi-Report, Innovationen für unsere Zukunft, Stuttgart 1995

HAECKER, W.-D.: CO_2 und Klima, Gefahr oder Hysterie? Stuttgarter Symposium Verkehr und Umwelt: IVK, FKFS Stuttgart 1995

HANTEL, M., HASLINGER, A.: Umweltwissenschaftliche Grundlagen und Zielsetzungen im Rahmen des Nationalen Umweltplans für die Bereiche Klima, Luft, Lärm und Geruch, Kapitel 3, Österreichische Akademie der Wissenschaften, Wien 1994

HARVARD BUSINESS MANAGER: Nach Homburg und Garbe: Industrielle Dienstleistungen – lukrativ, aber schwer zu meistern. 1. Quartal 1996, Hamburg 1996

HARVARD BUSINESS MANAGER: Nach Toyota: Das neue Streben nach Perfektion. 1. Quartal 1997, Hamburg 1997

HEHENBERGER, Christian: Die Zukunft fest im Griff, Wien 1995

HETTLAGE, Robert: Familienreport. Eine Lebensform im Umbruch, München 1992

HOLLAND, Heinrich: Direkt Marketing, München 1993

HOPFMANN, Jürgen, WINTER, Georg: Zukunftsstandort Deutschland, München 1997

HORNBACHNER, Dieter: Der anthropogene Treibhauseffekt. Greenpeace-Studie, Wien 1993

HORX, Matthias: Trendbuch 1. Der erste große deutsche Trendreport, Düsseldorf 1993

KEIGEL, Christoph: Alte Denkmuster über Bord werfen, in: Jahrbuch Direkt Marketing, Düsseldorf 1994

KNAPPE, Bernhard: Das Geheimnis von Greenpeace, Wien 1993

KOMMISSION DER EUROPÄISCHEN GEMEINSCHAFTEN, Generaldirektion Wirtschaft und Finanzen: Die Klimaherausforderung. Ökonomische Aspekte der Gemeinschaftsstrategie zur Begrenzung der CO_2-Emissionen, Brüssel 1992

KROEBER-RIEL, W.: Konsumentenverhalten, München 1992

KRONBERGER, Hans, NAGLER, Hans: Der sanfte Weg. Handbuch der erneuerbaren Energie, Wien 1996

LEBENSMITTELPRAXIS: Ausgabe 6/96, Neuwied 1996

LENZ, H. P. u.a.: Emissionen, Immissionen und Wirkung von Abgaskomponenten. VDI-Fortschrittsberichte, Reihe 12, Nr. 183, Düsseldorf 1993

LP INTERNATIONAL: Ausgabe 21/96, Koblenz 1996

MANAGER MAGAZIN: 3/97, Hamburg 1997

MANAGER MAGAZIN: 4/97, Hamburg 1997

MANAGER MAGAZIN: 5/97, Hamburg 1997

MARKEN ARTIKEL: Umwelt und Konsum – große Chancen, große Barrieren, in: Marken Artikel 5/93, Wiesbaden 1993

MARKET INSTITUT: Der Homo Austriacus in einer veränderten Welt. Market-Studienreihe Band 5, 1997

MARKET INSTITUT: Furcht vor sozialen Randgruppen. Repräsentative Untersuchung in Österreich, Linz 1993

MARKET INSTITUT: Nutzen und Gefahren der Genforschung. Repräsentative Studie in Österreich, Linz 1993

MARKET INSTITUT: Wirtschaftsklima, EU und EURO in der ersten Jahreshälfte 1997. Market-Pressegespräch April 1997

MARTIN, Hans-Peter, SCHUMANN, Harald: Die Globalisierungsfalle, Reinbek bei Hamburg 1997

MAURER, Dieter: Marketingforschung im Handel, Wien 1993

MAZANEC, Josef: Ursachenanalyse der Attraktivitätseinbuße Österreichs als Sommerurlaubsland: Preisniveau oder Angebotsqualität? Wien 1996

MEDIZIN POPULÄR: Mobbing, 1/96, Wien 1996

MEDIZIN POPULÄR: Esoterikboom, 6/96, Wien 1996

MEDIZIN POPULÄR: Allergien, 9/96, Wien 1996

MEFFERT, Heribert: Erfolgreiches Marketing in der Rezession, Wien 1994

MEFFERT, Heribert, KIRCHGEORG, Manfred: Marktorientiertes Umweltmanagement, Stuttgart 1993

MÜLLER, Henrik: Kursbuch Euro. Die neue Währung in der Praxis, Frankfurt/Main 1997

NAISBITT, John: Global Paradox. The bigger the world economy, the more powerful its smallest players, New York 1994

NAISBITT, John: Megatrends Asien, Wien 1995

NAISBITT, John, ABURDENE, Patricia: Megatrends 2000, Düsseldorf 1990

NIELSEN, A. C.: Nielsen – Insight. Trendanalysen Zentraleuropa, Wien 1993

NIELSEN, A. C.: Statistisches Jahrbuch 1995 Österreich, Wien 1995

NIELSEN, A. C.: Universen 95, Frankfurt/Main

ÖSTERREICHISCHES STATISTISCHES ZENTRALAMT und Umweltbundesamt: Umwelt in Österreich. Daten und Trends 1994, Wien 1994

OPASCHOWSKI, Horst W.: Deutschland 2010. Wie wir morgen leben. Voraussagen der Wissenschaft zur Zukunft unserer Gesellschaft, Hamburg 1997

POPCORN, Faith: Clicking. Der neue Popcorn Report. Trends für unsere Zukunft, München 1996

PORTER, Michael E.: Nationale Wettbewerbsvorteile. Erfolgreich konkurrieren auf dem Weltmarkt, Wien 1993

RAPP, Stan, COLLINS, Tom: Die große Marketingwende, Landsberg/Lech 1991

RHEINGOLD, Howard: Virtuelle Welten. Reisen im Cyberspace, Reinbek bei Hamburg 1992

ROSENBERGER, Günther (Hrsg.): Konsum 2000. Veränderungen im Verbraucheralltag, Frankfurt/Main 1992

SADIK, Nafis: The State of World Population, 1996

SCHEER, Hermann: Sonnenstrategie. Politik ohne Alternative, München 1994

SCHIMMEL-SCHLOO, Martina: Neue Technologien revolutionieren den Kunden-Dialog, in: Jahrbuch Direkt Marketing, Düsseldorf 1994

SCHNEIDER, Friedrich: Die Herausforderung österreichischer Stromerzeuger aufgrund der Problematik der Stromeinspeisung, Linz 1996

SONNENZEITUNG: Erneuerbare Energien, Ausgabe 2/96

STREPPEL, Walter: Markt Info Service: Konsument und Mode. Trends im Textilmarkt, Nachfrage, Perspektiven, Frankfurt/Main 1993

SUTER UND SUTER: Tourismus, Gesundheit und Sport in Österreich, Wien 1994

SUTER UND SUTER: Zukunftsmarkt Senioren, Kommunikation und Werbung, Wien 1993

TCI, Tele-Communications, Inc.: The strategic implications of digital compression, Denver 1994

THEISEN, Heinz: Bio- und Gentechnologie. Eine politische Herausforderung, Stuttgart 1991

TIETZ, Bruno: Einzelhandelsperspektiven für die Bundesrepublik Deutschland bis zum Jahre 2010, Band 1, Frankfurt/Main 1992

TIETZ, Bruno: Großhandelsperspektiven für die Bundesrepublik Deutschland bis zum Jahre 2010, Band 2, Frankfurt/Main 1993

VÖGELE, Siegfried: Handbook of Direct Mail. The dialogue method of direct written sales communication, New York 1992

VOGEL, Gerhard: Umweltoffensive, Wien 1993

WEIZSÄCKER, Ernst Ulrich von, LOVINS, Amory B., LOVINS, L. Hunter: Faktor Vier, München 1995

WIFO, Österreichisches Institut für Wirtschaftsforschung, 4/96, Wien 1996

WIFO, Österreichisches Institut für Wirtschaftsforschung, 4/97, Wien 1997

XENOS: Der aktuelle Weltatlas, Hamburg 1994

ZIEGLER, Armin: Trendletter Megatrends aktuell 10/94, Bonn 1994

ZIEGLER, Armin: Trendletter Megatrends aktuell 5/96, Bonn 1996

ZIEGLER, Armin: Trendletter Megatrends aktuell 3/97, Bonn 1997

ZIEGLER, Armin: Trendletter Megatrends aktuell 4/97, Bonn 1997